Retiros de Emaús

EDUARDO BRUNET - RAFAEL OLMEDO

Retiros de Emaús

Dios sale a tu encuentro
para que te conviertas
en caminante

ALMUZARA

Primera edición: enero de 2026

Editorial Almuzara · Colección Espiritualidad
Edición de Ángeles López
Corrección y maquetación: Helena Montané Franco

www.editorialalmuzara.com
pedidos@almuzaralibros.com - info@almuzaralibros.com
@AlmuzaraLibros
Parque Logístico de Córdoba. Ctra. Palma del Río, km 4
C/8, Nave L2, nº 3. 14005, Córdoba

Imprime: Gráficas La Paz
ISBN: 979-13-70201-81-4
Depósito Legal: CO-2209-2025
Hecho e impreso en España - *Made and printed in Spain*

Este libro está dedicado a todos aquellos que ya caminaron, a los servidores que hacen posible cada retiro, a los hermanos generosos que regalan sus testimonios y, especialmente, a todos aquellos que todavía no han caminado, para que den un paso adelante y ¡confíen!

Índice

Prefacio

Hace ya más de un año, por pura acción de la Providencia, nos llegó el encargo de escribir un libro sobre el fenómeno de Emaús. Al principio no supimos qué responder. Éramos muy conscientes de nuestra pequeñez e inutilidad, y además comprendíamos la dificultad de escribir sobre un retiro cuya esencia reside precisamente en el misterio: en esos tres días en los que nadie puede ni debe desvelar lo que ocurre. Por eso tardamos mucho, para desesperación de la editorial, en siquiera ponernos en marcha. Fue un largo proceso de discernimiento: ¿teníamos realmente legitimidad para hablar de este milagro? ¿Cuál debía ser el enfoque? ¿Cómo contar sin revelar, cómo explicar sin traicionar la experiencia?

Durante ese tiempo de espera y oración, hablamos con decenas de hermanos y hermanas que habían caminado Emaús en España, en Colombia, en Estados Unidos, en tantas parroquias y hasta en las cárceles. Les preguntamos qué había supuesto para ellos el retiro, cómo había tocado sus vidas, qué frutos había dejado. Pronto comprendimos algo esencial: que el retiro, siendo siempre el mismo en su estructura y en sus dinámicas, toca a cada persona de manera distinta, en momentos diferentes y con intensidad única.

Era difícil encontrar un servidor que no hubiera sido testigo de algún milagro patente de conversión, de perdón o de sanación. Muchos nos contaron cómo su fe se renovaba en cada retiro, o cómo cada reunión de hermanos en sus parroquias volvía a encenderles el corazón. Escuchando tantos relatos, descubrimos que, aunque las formas son sencillas, el Espíritu Santo se sirve de este camino para obrar maravillas silenciosas y profundas en el alma de quienes se dejan encontrar.

Sin embargo, entre la diversidad de testimonios aparecían varios hilos conductores que se repetían siempre: la certeza del amor de Dios, la fuerza del testimonio personal, la fraternidad sincera, el gozo de servir y la experiencia de Iglesia viva y en salida. Esos hilos, tejidos por la gracia, son los que hemos tratado de recoger y compartir en estas páginas, conscientes de que ninguna palabra puede hacer justicia al misterio del encuentro entre Dios y el corazón humano.

Nada de lo que está escrito en este libro pretende sustituir o siquiera imitar la experiencia de Emaús.

El Camino de Emaús es, ante todo, un encuentro personal e intransferible, una novedad absoluta que solo puede vivirse una vez en la vida.

> *Definir los retiros de Emaús me parece sencillo. Es simplemente un fin de semana en el que se facilita el encuentro con Dios que te Ama como Padre, te escoge como Hijo y te inunda como Espíritu.*

Si este libro tiene algún propósito, es el de preparar el corazón de quienes aún no lo han vivido, y ayudar a los que ya lo caminaron a recordar y agradecer. Porque en cada palabra, en cada historia y en cada testimonio late la misma certeza: el Señor sigue caminando con nosotros, y su fuego no se apaga.

NOTA DE LOS AUTORES:

Los testimonios que aparecen en el libro sin firma ni seudónimo corresponden, indistintamente, a los propios autores.

...Y llegó la ayuda

En una misa de cierre de un Emaús hombres en Boadilla, vi de lejos a Rafael Olmedo y una corazonada me asaltó. Conozco a Rafa desde hace años y siempre me ha impresionado su humildad, profundidad y su espiritualidad.

Me acerque a él después de la misa:

«Rafa, tengo que pedirte un favor y no me puedes decir que no».

«Hombre, ya me dirás, pero cuenta con ello».

«Me encargaron escribir un libro sobre Emaús, pero llevo meses totalmente bloqueado y quiero que me ayudes a escribirlo juntos».

Me miró y sonrió con esa sonrisa tan especial, tan suya:

«No te lo vas a creer, pero llevo toda la misa con una voz que no entendía diciéndome que tendría que escribir un libro para compartir todo lo que llevo dentro».

Gloria a Dios.

1. De Emaús al mundo: el camino de los retiros que encendieron corazones

1.1
Un encuentro que cambió la historia: el sentido del camino a Emaús

Dos hombres caminan al atardecer por un sendero que se aleja de Jerusalén. El eco de la cruz y el aparente fracaso del calvario les pesa en sus corazones.

> *Nosotros esperábamos que Él fuera el que iba a liberar a Israel.*
>
> (Lc 24, 21)

En medio de su tristeza, un forastero se les acerca y pregunta qué conversan.

No lo reconocen, pero aquel extraño comienza a explicarles las Escrituras y algo se enciende en ellos.

> *¿No ardía nuestro corazón mientras nos hablaba por el camino y nos explicaba las Escrituras?*
>
> (Lc 24, 32)

El relato del evangelista san Lucas no es solo una escena del pasado: es una parábola viva del camino espiritual de todos los tiempos, el tránsito del desconcierto a la esperanza, de la duda a la fe a través de un encuentro personal, Jesús resucitado se hace compañero del hombre desanimado, no desde el poder, sino desde la cercanía.

Sale al encuentro, camina a su paso, escucha, pregunta, ilumina. En ese gesto de «caminar con» se resume la pedagogía de la fe.

La evangelización no comienza en el púlpito, sino en el camino, cuando alguien se detiene a escuchar a otro y lo acompaña hasta que el corazón vuelve a arder.

Los Retiros de Emaús nacieron precisamente de esa intuición: reproducir, en la vida moderna, aquel itinerario evangélico.

En ellos, hombres, mujeres, mayores y, sobre todo, cada vez más jóvenes descubren que un Cristo vivo sigue saliendo a su encuentro en medio del cansancio cotidiano, en los cruces de la vida donde el alma necesita volver a la fuente, donde la vida nos cuestiona por qué y para qué.

> *El corazón del Evangelio es la belleza del amor salvador de Dios manifestado en Jesucristo muerto y resucitado.*
>
> Papa Francisco, *Evangelii Gaudium* 36

El pasaje de Emaús contiene, como un mapa espiritual, las etapas del retiro:

1. El camino, donde se reconoce el desánimo y la búsqueda.
2. La Palabra, que ilumina y reordena la historia personal.
3. La mesa, donde se parte el pan y se descubre la presencia viva de Jesús.
4. La misión, el regreso gozoso a nuestros Jerusalénes para anunciar lo vivido.

Quien ha sentido el fuego interior del amor de Dios no puede guardarlo.

Vuelve a su familia, a su trabajo y a su comunidad transformado, dispuesto a testimoniar.

> *La Iglesia existe para evangelizar; para predicar y enseñar, ser canal del don de la gracia, reconciliar a los pecadores con Dios.*
>
> Pablo VI, *Evangelii Nuntiandi* 14

Así comenzó un movimiento que, décadas después, seguiría encendiendo corazones en todo el mundo.

1.2
El nacimiento del Retiro de Emaús: Estados Unidos, años 70

La semilla moderna de Emaús brotó en un contexto de búsqueda y renovación.

Estados Unidos, mediados de los setenta: una sociedad en cambio, marcada por la secularización y la crisis de sentido tras las grandes convulsiones culturales de los años sesenta.

En la Iglesia, el impulso del Concilio Vaticano II alentaba nuevas formas de participación laical y de evangelización.

En la parroquia de St. Louis, en el barrio de Kendall, Miami, el padre David Russell, párroco y hombre de visión pastoral abierta, pidió en 1978 a una mujer de fe profunda y compromiso incansable, Myrna Gallagher, que ayudara a desarrollar un retiro parroquial capaz de renovar la vida espiritual de los laicos.

Gallagher era entonces directora de educación religiosa de la parroquia y tenía clara una convicción: la evangelización debía comenzar en la vida ordinaria, en las comunidades concretas donde las personas se encontraban cada día.

En 1978, el padre David Russell pidió a Myrna Gallagher, entonces directora de educación religiosa de St. Louis Parish, que ayudara a desarrollar un retiro que permitiera a las laicas acompañar y evangelizar a otras laicas.

National Catholic Reporter (2018)

Myrna reunió a un pequeño grupo de mujeres y, tras orar y discernir, eligieron como inspiración el pasaje de los discípulos de Emaús (Lc 24, 13-35).

Aquel Evangelio, tan humano y esperanzador, contenía todo el itinerario que ellas soñaban ofrecer: el desánimo inicial, la presencia silenciosa de Cristo, el descubrimiento en la Palabra, el reconocimiento en el pan partido y el regreso misionero a Jerusalén.

Nuestra esperanza es que el retiro ofrezca a las participantes la oportunidad de encontrarse con Jesús en su propio camino a Emaús, y que regresen a casa seguras del amor del Padre y capaces de servir a los demás.

Myrna Gallagher, *Historia del Retiro de Emaús de Mujeres* (citada en *NCR* 2018)

El padre Russell y Myrna diseñaron juntos la estructura esencial: tres días de retiro en la parroquia, centrados en la oración, el testimonio, el silencio y la Eucaristía. No sería un retiro de teólogos especialistas ni de místicos, sino un espacio accesible a cualquier creyente. Un retiro de laicos para laicos.

Es muy importante que el retiro esté basado en la parroquia, porque así nos vemos cada domingo y nos renovamos. Tal vez tú estás decaído esta semana y otro está animado, y te trae un buen mensaje y te levanta el espíritu. Se trata de apoyarnos unos a otros. Se trata de preguntar al párroco qué necesita la parroquia y ofrecerse para hacerlo.

Myrna Gallagher, entrevista en *The Florida Catholic (2018)*

Aquella insistencia en el arraigo parroquial marcó para siempre la identidad de Emaús. No sería un movimiento paralelo, sino un instrumento al servicio de la comunidad local.

El retiro se celebraba de viernes a domingo: el viernes, los participantes llegaban con el corazón cansado; el sábado, la Palabra y los testimonios comenzaban a sanar heridas; el domingo, el encuentro con Cristo resucitado se sellaba en la Eucaristía.

> *Los laicos participan en la función sacerdotal, profética y real de Cristo.*
>
> *Lumen Gentium* 31

No tardaron en llegar los frutos. Las mujeres que habían participado comenzaron a formar equipos para acompañar a otras, y pronto se organizaron también retiros para hombres. La fe se reavivaba, la vida parroquial se llenaba de entusiasmo. Miami se convirtió en un laboratorio vivo de renovación eclesial.

Uno de los primeros caminantes describió así la experiencia:

> El Retiro de Emaús es un retiro de un fin de semana, desde la tarde del viernes a la del domingo, basado en el pasaje del Evangelio del camino de Emaús. Desde hace más de cuarenta años ha ayudado a miles de personas, creyentes y no creyentes, a tener un encuentro real con Jesucristo que les ha llenado de una paz y una alegría que no habían vivido. [...] Recomiendo a cualquiera que lea estas líneas que asista al primer Retiro de Emaús que pueda, con la confianza de que será una experiencia tan maravillosa como lo fue para mí.
>
> (JC)

En pocas décadas, aquel pequeño grupo de mujeres y hombres y un sacerdote en una parroquia del sur de Florida desencadenaron una corriente espiritual que atravesaría fronteras. Todo comenzó con un gesto sencillo: un sacerdote que confía en una mujer laica, y una mujer que, movida por el Espíritu, imagina un camino donde Cristo vuelva a arder en los corazones.

1.3
Cómo son los Retiros de Emaús

Hablar de Emaús es hablar de una experiencia espiritual única. No se parece a ningún otro retiro.

Su preparación comienza muchos meses antes de la fecha en que los caminantes llegan a la casa de retiro. Durante ese tiempo, un equipo de hombres o mujeres —según el caso— se reúne semanalmente para orar intensamente, discernir y servir, pidiendo al Espíritu Santo que toque los corazones de quienes participarán.

Porque nada en Emaús se improvisa: cada palabra, cada gesto, cada silencio está sostenido por una oración que precede y acompaña el encuentro y cuyo centro siempre gravita al rededor del Santisimo, permanentemente expuesto durante el retiro.

Los retiros se celebran por separado para hombres y mujeres, no como una división, sino como un modo de favorecer la apertura del corazón y la libertad interior.

En ese clima de confianza, las personas se sienten seguras para compartir lo más profundo de su historia y reconocer la acción de Dios en su vida.

Allí están llamados todos: personas alejadas de la fe, creyentes practicantes, miembros de cualquier carisma o movimiento eclesial.

Emaús no pregunta por el pasado de nadie; solo ofrece un camino nuevo y una invitación sencilla: «Abre tu corazón y confía».

Aunque el retiro solo dura tres días, su efecto se prolonga mucho más allá.

Quien lo vive sabe que ha experimentado algo irrepetible. Por eso se dice que solo se puede caminar en Emaús una vez en la vida: porque el encuentro con Cristo que allí se da no necesita repetirse.

Después, muchos regresan, pero lo hacen como servidores, ofreciendo su tiempo, su oración y su amor para que otros puedan vivir ese mismo milagro.

Cada servidor se convierte en testigo silencioso del poder de Dios, aprendiendo a servir desde la humildad y la discreción.

Por eso la confidencialidad es uno de los pilares más serios y sagrados de Emaús.

Lo que allí se vive pertenece únicamente a cada caminante y a Dios.

Contarlo o intentar explicarlo sería, en cierto modo, robarle al otro la posibilidad de su propio encuentro. Emaús no se explica: se vive. Se guarda en el corazón como un tesoro, como María guardaba en silencio las cosas de Dios.

Si hubiera que elegir un signo visible que resumiera lo que se respira en un Retiro de Emaús, serían los abrazos. Abrazos profundos, sentidos, verdaderos: abrazos de hermanos. Cada abrazo dice sin palabras:

> *Aquí estoy contigo, siempre, para lo que necesites. No te juzgo, no te cuestiono, no tengo expectativas: solo quiero acompañarte y sostenerte cuando lo necesites.*

En un mundo marcado por la prisa y la indiferencia, esos abrazos son como sacramentales de ternura, gestos que sanan y reconcilian. En ellos se hace visible la presencia del mismo Cristo, que abraza a cada persona con amor infinito.

Emaús es, en definitiva, una experiencia de encuentro con el Amor de Dios a través de la acogida, la oración, el silencio y la fraternidad.

Nada más, pero nada menos. Por eso transforma: porque abre un espacio donde Dios puede actuar. Allí el corazón cansado encuentra descanso, el herido encuentra consuelo y el creyente redescubre la alegría del Evangelio.

1.4
La llama se expande: el camino de Emaús por América Latina

El fuego encendido en Miami no tardó en propagarse.

Los primeros participantes —cubanos, puertorriqueños, venezolanos, colombianos, mexicanos— llevaron la experiencia de Emaús a sus países de origen.

Durante los siguientes años, la experiencia se extendió por México (2011), Colombia (2005), Perú (2008), Panamá (2013), Chile (2018), Paraguay (2021)..., encontrando una acogida natural en comunidades deseosas de renovación.

La espiritualidad latinoamericana, cálida y relacional, se identificó de inmediato con el estilo de Emaús: cercanía, testimonio, alegría, fraternidad.

> *La Iglesia evangeliza cuando, por la fuerza del Espíritu, anuncia y testimonia el Evangelio, cuando lo transmite de persona a persona.*
>
> Pablo VI, *Evangelii Nuntiandi* 18

Los laicos fueron los protagonistas de esta expansión. Ellos formaban los equipos, daban su testimonio y mantenían viva la llama con encuentros de oración y seguimiento semanales. En muchas parroquias, el retiro se convirtió en el principio de una auténtica renovación pastoral.

Una participante mexicana lo resumía así:

> Sentí que Cristo me salió al encuentro, como en el Evangelio. No me preguntó dónde había estado ni por qué me había alejado. Simplemente caminó conmigo, me escuchó, y al final partió el pan conmigo.

La llamada de san Juan Pablo II a una Nueva Evangelización encontró en Emaús una respuesta viva.

> *Los fieles laicos son llamados a ser testigos de Cristo en medio del mundo, con la palabra y con la vida.*
>
> *Christifideles Laici* 15

Hacia finales de los noventa, Emaús estaba firmemente implantado en el continente americano. El siguiente paso sería cruzar el Atlántico: el fuego se preparaba para llegar a Europa.

1.5
«Quédate con nosotros, Señor»: Emaús llega a España

A comienzos del siglo XXI, España vivía un tiempo de contraste espiritual.

Mientras la práctica religiosa disminuía, muchos fieles buscaban experiencias más personales de fe. En medio de esa búsqueda, el Espíritu Santo soplaba de nuevo: parroquias renovadas, nuevos movimientos, catequesis vivas, comunidades laicales activas.

Era el momento propicio para que la experiencia de Emaús cruzara el Atlántico.

La historia del primer Retiro de Emaús en España tiene algo de providencial.

En el año 2009, un grupo de laicas conoció el retiro a través de hermanos latinoamericanos residentes en la capital. Algunos lo habían vivido en Miami o en Colombia, y hablaban de una experiencia que «les había cambiado la vida».

Entre ellos estaba quien llevó la semilla a la Parroquia de San Germán, en el barrio de Chamartín, donde su párroco, el padre Enrique González, supo reconocer el soplo del Espíritu y acogió el proyecto con generosidad.

Con ayuda de servidores de América Latina, en abril de 2010 se celebró el primer Retiro de Emaús en España, dirigido a mujeres. La emoción fue profunda. Las participantes hablaban de una presencia real de Dios, de reconciliaciones, de lágrimas y de paz.

Pocos meses después se celebró el primer retiro de hombres.

Desde entonces, San Germán se convirtió en el foco originario del vendaval Emaús en España.

> *Quédate con nosotros, Señor, porque atardece.*
>
> (Lc 24, 29)

Ese versículo se hizo lema y oración constante de la comunidad.

Ese primer retiro contó con el liderazgo de tres mujeres excepcionales que luego fueron instrumentales en su expansión a otras parroquias, a otras diócesis y hasta otros países: Luli Casero, Carmen Castilla y Ana María Uribe.

Este es el precioso testimonio de Luli sobre ese origen providencial:

> En julio de 2009 recibí una llamada que cambió mi vida: me invitaban a una reunión para hablar del Retiro de Emaús. Yo ya lo conocía porque una amiga colombiana me había contado su experiencia en Bogotá, describiéndolo como una vivencia impresionante del amor de Dios.
>
> En aquella reunión estaban José María Castón, que lo había vivido en Colombia y soñaba con traerlo a España, y dos mujeres de mi grupo de oración, Carmen Castilla y Ana María Uribe.
>
> Me explicaron la intención de abrir el primer retiro en Madrid y me pidieron colaborar en la organización, especialmente invitando y ocupándome de las inscripciones. Aunque me parecía imposible reunir a 60 mujeres, pronto descubrimos que todo era obra del Espíritu Santo: la parroquia de San Germán nos abrió sus puertas, el padre Enrique González nos apoyó, y poco a poco la lista de caminantes fue creciendo. Finalmente, en abril de 2010

se celebró el primer retiro de mujeres, con 56 caminantes y un equipo de servidoras que llegaron desde Latinoamérica y 3 servidoras locales que habían hecho el retiro en Miami y Colombia.

Aquellas mujeres que cruzaron el océano nos transmitieron con fuerza que Jesús está vivo y nos ama, y al terminar el retiro me pidieron continuar la obra en España. Sin pensarlo, invité a mi amiga Ludi Medina a caminar juntas, como Jesús envió a sus discípulos de dos en dos, y así comenzamos este camino, dejándonos guiar por el Espíritu Santo.

Jamás imaginé que aquel inicio se expandiera de tal manera. Cada vez que una mujer de fuera de Madrid vivía el retiro, se abría un Retiro de Emaús en su provincia, y allí íbamos servidoras a acompañar: primero Barcelona, luego Valencia, Jerez, Sevilla, Córdoba... y así sucesivamente.

En Madrid también se multiplicaron las sedes: San Germán, Cana, La Moraleja, San Juan Crisóstomo, Boadilla. El fuego del Espíritu se encendía en los corazones y las impulsaba a servir y a invitar a otras mujeres a vivir esta experiencia transformadora del amor de Dios. Todo ha sido obra del Espíritu Santo, que nos ha llevado de la mano en este camino de entrega, aprendizaje y gozo, para seguir proclamando que Cristo ha resucitado y camina a nuestro lado.

Emaús nos despertó a nuestra misión evangelizadora, esa que todos tenemos porque la Iglesia la lleva en su esencia y nosotros somos parte viva de ella. Así como aquellos dos discípulos del pasaje de Emaús que, al reconocer a Jesús resucitado, corrieron de regreso a Jerusalén para anunciarlo, también nosotras hacemos lo mismo: corremos con alegría y con fuerza para gritar que Cristo ha resucitado, que está vivo y camina a nuestro lado.

Solo un poco más tarde, con el apoyo de esas pioneras a dos valientes como José María Castón y Héctor Moreno, en septiembre de 2011, tuvo lugar, también en la Parroquia de San Germán, el primer retiro Emaús de hombres de España.

Lo que había comenzado en una parroquia madrileña pronto alcanzó otras diócesis.

Dos comunidades se convirtieron en ejes fundamentales de expansión en Madrid: la Parroquia de Santa María de Caná, en Pozuelo de Alarcón, bajo el impulso del padre

Jesús Higueras Esteban, y la Parroquia del Santo Cristo de la Misericordia, en Boadilla del Monte, guiada por el padre Javier Siegrist.

Los retiros de Emaús en Cataluña se originaron en la parroquia de Santa María del Remei de Barcelona a partir de 2012. El primer retiro para mujeres en Barcelona se celebró en 2013.

Desde estos focos, Emaús se difundió no solo por distintas parroquias de las diócesis de Madrid, sino por el resto de España.

> *Prefiero una Iglesia accidentada, herida y manchada por salir a la calle, antes que una Iglesia enferma por el encierro y la comodidad.*
>
> Papa Francisco, *Evangelii Gaudium* 49

En España, como en el continente americano, Emaús no se estructuró como un movimiento independiente, sino como una experiencia parroquial de renovación espiritual.

La fuerza residía en laicos sencillos, acompañados por sacerdotes, que testimoniaban su encuentro con Cristo. Era una forma nueva de evangelizar: a través del testimonio personal, la acogida y la alegría de sentirse comunidad.

Entre los primeros caminantes españoles, muchos expresaron su vivencia con profunda emoción. Uno de ellos escribió:

> Para mí la experiencia y el Retiro de Emaús han consistido, y creo que consisten, básicamente, en dar a conocer el amor de Dios a cualquier persona que tenga ganas de acercarse a una realidad más profunda y espiritual en la vida diaria. En Emaús tuve la oportunidad de reconocer y admirar a un Cristo vivo que se me presentó como un amigo, capaz de acompañarme ya para siempre, el resto de mi vida. Creo que Emaús es un regalo del cielo...
>
> (LTE)

Este testimonio resume la esencia del retiro: el descubrimiento de un Cristo resucitado y vivo como amigo y compañero permanente, que te conoce y te ama incondicionalmente. Muchos participantes mencionan que, tras el retiro, creció en ellos el deseo de la confesión frecuente, la adoración eucarística y una relación filial con la Virgen María. Emaús se convertía así en un camino hacia la vida sacramental, no un sustituto de ella.

Así, en medio de una Europa secularizada, Emaús se presentaba como una respuesta pastoral eficaz: una experiencia que tocaba el corazón y devolvía la fe desde dentro, un fuego nuevo para una Iglesia que necesitaba volver a arder.

1.6
Un fuego que se extiende: expansión por diócesis españolas

El fuego prendido en Madrid se extendió rápidamente.

Los equipos de San Germán, Caná y Boadilla entre otras parroquias, comenzaron a acompañar retiros en otras diócesis: Valencia, Sevilla, Jerez, Barcelona, Zaragoza, Málaga, Granada, Cádiz, Murcia, Valladolid, Santander, Burgos, Soria, Getxo, Vigo, Coruña, Asturias, Toledo, Navarra, Badajoz, Cáceres, Lérida, Logroño, Salamanca, Álava ...

En cada lugar, la experiencia tomaba el color de su gente, pero mantenía el mismo núcleo: testimonio, comunidad, Eucaristía y envío misionero.

La expansión no fue fruto de estrategias, sino de testigos.

Un participante que regresaba transformado deseaba compartirlo con otros; un párroco que veía los frutos pedía organizar el retiro en su comunidad.

Así creció Emaús: sin estructura, sin jerarquías, pero con un mismo Espíritu.

El Espíritu Santo infunde audacia para anunciar el Evangelio con nuevas formas, en todo tiempo y lugar, incluso a contracorriente.

Evangelii Gaudium 259

Las parroquias de San Germán, Caná y Boadilla del Monte, entre otras, se consolidaron como auténticos ejes de irradiación.

Desde ellas, sacerdotes y laicos colaboraron para formar equipos, impartir retiros y acompañar nuevas comunidades tanto en España como en el extranjero.

Los retiros celebrados en Viena, Londres, París, Oslo, Amsterdam, Roma, Berlin, Munich..., hasta en Taiwan, nacieron directamente de su generoso impulso.

El movimiento mantuvo siempre su identidad sencilla.

No existe una «asociación Emaús» con estatutos, sino una red viva de comunidades unidas por la misma espiritualidad. Un grupo de caminantes ya servidores y hermanos que se sienten en casa en cualquier parroquia a la que vayan a servir.

En cada parroquia, los equipos postrretiro continúan reuniéndose semanalmente para orar, formarse y sostenerse mutuamente en la fe.

> Emaús no viene a añadir algo nuevo a la parroquia; viene a devolverle el alma. Cuando alguien ha tenido un encuentro con Cristo vivo, la pastoral cambia de tono. Ya no se hace por obligación, sino por amor.
>
> (Sacerdote de la diócesis de Valencia)

Emaús no es una secta, ni una orden religiosa, ni siquiera un movimiento estructurado dentro de la Iglesia.

No tiene estatutos, jerarquías ni fronteras: es una experiencia de fe que pertenece plenamente a la vida parroquial y al corazón mismo del Pueblo de Dios.

Como decía el cardenal Léon-Joseph Suenens cuando estudió la Renovación Carismática, «No es un movimiento dentro de la Iglesia, es la Iglesia en movimiento».

Lo mismo puede decirse de Emaús: no añade algo ajeno, sino que despierta lo que ya está vivo en la Iglesia; no crea un grupo cerrado, sino que impulsa a cada creyente a salir al camino con el corazón ardiente, renovado por el encuentro con Cristo.

Los frutos son visibles: matrimonios reconciliados, vocaciones reavivadas, comunidades rejuvenecidas, conversiones silenciosas. Emaús ha dado a la Iglesia española una forma concreta de vivir la Nueva Evangelización: una fe compartida, cercana, alegre, profundamente laical y enraizada en la parroquia.

Desde España, la llama volvió a cruzar fronteras desde los retiros basados en Emaús que han ido desplegándose con el tiempo, Desde España, la llama volvió a traspasar fronteras a través de los retiros inspirados en Emaús que, con el tiempo, se han ido extendiendo. Destacan especialmente los dirigidos a los jóvenes, como Bartimeo (para adolescentes de 16 a 18 años) y Effetá (para jóvenes de hasta 32 años), que han sido llevados generosamente a países como Cuba, República Dominicana y Argentina.

Id al mundo entero y proclamad el Evangelio.

(Mc 16, 15)

1.7
Emaús y la Nueva Evangelización

Cuando san Juan Pablo II habló por primera vez de la Nueva Evangelización, insistió en que el mensaje no cambiaba, pero debía anunciarse con nuevo ardor, nuevos métodos y nuevas expresiones.

El Evangelio es el mismo, pero los corazones y los lenguajes han cambiado.

Emaús, sin proponérselo, encarnó desde sus inicios esa triple novedad: ardor en el testimonio, método de acompañamiento y lenguaje de cercanía.

> *El hombre contemporáneo escucha más a gusto a los que dan testimonio que a los que enseñan; y si escucha a los que enseñan, es porque dan testimonio.*
>
> Juan Pablo II, *Redemptoris Missio* 42

La fuerza de Emaús no reside en sus charlas o dinámicas, sino en las vidas transformadas y transformadoras que dan testimonio del amor de Dios. Los participantes no escuchan teorías, sino historias reales de encuentro, de perdón, de esperanza. Por eso, el retiro se convierte en una experiencia kerigmática: el anuncio esencial de que Jesucristo te ama, dio su vida por ti y vive a tu lado cada día.

> *Invito a todos los cristianos, en cualquier lugar y situación en que se encuentren, a renovar ahora mismo su encuentro personal con Jesucristo.*
>
> Papa Francisco, *Evangelii Gaudium* 3

Emaús ofrece justamente ese «ahora mismo»: un espacio para el encuentro personal con Cristo. Allí donde los corazones llegan cansados o desilusionados, la Palabra vuelve a arder, la gracia toca las heridas, y el Espíritu Santo renueva la alegría de creer.

El papa Francisco ha descrito esa pedagogía con palabras que podrían aplicarse directamente al retiro:

> *El acompañamiento espiritual debe llevar a los fieles a crecer en su amistad personal con Cristo, a identificarse cada vez más con su voluntad, a madurar su modo de pensar, sentir y actuar.*
>
> *Evangelii Gaudium* 170

Eso mismo hace Emaús: acompañar. No juzga, no impone, sino que camina junto a la persona hasta que reconoce al Resucitado. Y cuando ese encuentro sucede, el cambio es real.

Un servidor lo expresaba así:

> Para poder entender qué es Emaús hay que tener muy claro que Dios asumió con los hombres, por su infinito Amor, una alianza nueva y eterna de salvación. [...] Emaús nace en un momento en el que la Iglesia está siendo atacada y desprestigiada, y el mensaje de Cristo se pierde entre toneladas de datos e informaciones. Pero ahí está el Espíritu Santo, empeñado en que el mensaje de Cristo llegue a todos. [...] Y donde no pueden llegar los sacerdotes, que lleguen los laicos. Así nace y se consolida Emaús: un retiro organizado por laicos y para laicos, donde se transmite la experiencia contagiosa del Amor de Dios.
>
> (GL)

Estas palabras sintetizan el corazón de la Nueva Evangelización: la participación activa del laicado en la misión evangelizadora de la Iglesia.

Emaús no compite con la predicación sacerdotal; la prolonga y la encarna. Los laicos se convierten en puentes entre el Evangelio y el mundo, entre la parroquia y la calle, entre la fe y la vida cotidiana.

> *Ser testigos de Cristo en todas las circunstancias y en el corazón del mundo, donde la Iglesia no puede ser sal y luz sin su presencia activa.*
>
> *Christifideles Laici* 9

En ese sentido, Emaús ha sido —y sigue siendo— una de las herramientas más eficaces para hacer realidad ese sueño de una Iglesia misionera, alegre y próxima, donde cada bautizado se siente responsable del anuncio.

La espiritualidad del corazón ardiente se convierte así en un signo distintivo. El corazón que arde por el encuentro con Cristo es también el corazón que desea comunicarlo. En un tiempo de frialdad y vacío espiritual, Emaús ofrece fuego, calor y comunidad.

> *Hacer de la Iglesia la casa y la escuela de la comunión: esta es la gran tarea que nos espera.*
>
> San Juan Pablo II, *Novo Millennio Ineunte* 43

De ese fuego, miles de hombres y mujeres han salido convertidos en discípulos misioneros, animando grupos, sirviendo en sus parroquias, ayudando a los más necesitados.

Emaús enseña que la fe no se guarda: se comparte, se sirve, se multiplica.

1.8
Conclusión: volver al camino con el corazón ardiendo

El camino de Emaús —aquel sendero entre Jerusalén y una pequeña aldea— es el espejo de toda historia cristiana.

Dos hombres caminan tristes; un forastero se les une; sus corazones arden; reconocen al Señor al partir el pan; regresan con gozo a Jerusalén.

Esa secuencia, tan simple, contiene el misterio de la conversión: encuentro, reconocimiento y misión.

Así también ha sido la historia de los Retiros de Emaús.

Lo que comenzó en una parroquia de Miami en 1978 —de la mano del padre David Russell y la laica Myrna Gallagher— se transformó en una corriente de gracia que ha atravesado fronteras y generaciones.

Pasó por América Latina, llegó a España en 2009, prendió en San Germán, floreció en Caná y Boadilla, y hoy sigue extendiéndose por Europa y el mundo.

Cada retiro es una actualización del Evangelio. Cada participante es un caminante que escucha, que llora, que reza, que se deja acompañar. Y cada comunidad es una Jerusalén que se llena de vida cuando los caminantes regresan diciendo: «Hemos visto al Señor».

Le reconocieron al partir el pan.

(Lc 24, 31)

Vivimos tiempos de cansancio, de ruido, de corazones distraídos. Muchos, dentro y fuera de la Iglesia, caminan como aquellos discípulos: desilusionados, confundidos, con la esperanza dormida. Emaús es para ellos una respuesta silenciosa y luminosa: una invitación a dejarse acompañar por Cristo y reconocerlo vivo en medio de la vida.

A veces perdemos el entusiasmo por la misión porque olvidamos que el Evangelio responde a las necesidades más profundas de la persona humana.

Evangelii Gaudium 265

La Iglesia de hoy está llamada a ser esa compañera de camino que escucha, que explica las Escrituras y parte el pan. En cada retiro, esa misión se hace concreta: sacerdotes y laicos caminan juntos, compartiendo fe, oración y servicio. Allí, el sueño del Concilio se cumple: una Iglesia donde todos, desde su vocación, colaboran en la evangelización.

Aviva el don de Dios que hay en ti.

(2 Tim 1, 6)

Emaús sigue invitando a eso: a avivar el don, a reavivar la fe, a volver al camino con el corazón encendido. Porque el Señor sigue caminando con nosotros, sigue partiendo el pan, sigue encendiendo corazones. Y mientras haya un caminante que diga «nuestro corazón ardía», el fuego de Emaús seguirá vivo.

2. El encuentro con el retiro

2.1
El pasaje de Los Discípulos de Emaús y el retiro

El Retiro de Emaús se construye sobre el pasaje del Evangelio de San Lucas de los Discípulos de Emaús. En este pasaje dos de los discípulos de Jesús desandan el camino que un día hicieron a Jerusalén para volver a su casa en Emaús, decepcionados ante la muerte inesperada del hombre en el que habían depositado sus esperanzas. Jesús había muerto y, con Él, morían la alegría y la esperanza de sus discípulos. La tarde estaba cayendo.

El pasaje dice así:

Lectura del santo Evangelio según san Lucas (24,13-35):

> *Aquel mismo día, dos de ellos iban caminando a una aldea llamada Emaús, distante de Jerusalén unos sesenta estadios; iban conversando entre ellos de todo lo que había sucedido. Mientras conversaban y discutían, Jesús en persona se acercó y se puso a caminar con ellos. Pero sus ojos no eran capaces de reconocerlo.*
>
> *Él les dijo: «¿Qué conversación es esa que traéis mientras vais de camino?». Ellos se detuvieron con aire entristecido. Y uno de ellos, que se llamaba Cleofás, le respondió: «¿Eres tú el único forastero en Jerusalén que no sabes lo que ha pasado allí estos días?». Él les dijo: «¿Qué?». Ellos le contestaron: «Lo de Jesús el Nazareno, que fue*

un profeta poderoso en obras y palabras, ante Dios y ante todo el pueblo; cómo lo entregaron los sumos sacerdotes y nuestros jefes para que lo condenaran a muerte, y lo crucificaron. Nosotros esperábamos que Él iba a liberar a Israel, pero, con todo esto, ya estamos en el tercer día desde que esto sucedió. Es verdad que algunas mujeres de nuestro grupo nos han sobresaltado, pues habiendo ido muy de mañana al sepulcro, y no habiendo encontrado su cuerpo, vinieron diciendo que incluso habían visto una aparición de ángeles, que dicen que está vivo. Algunos de los nuestros fueron también al sepulcro y lo encontraron como habían dicho las mujeres; pero a Él no lo vieron». Entonces Él les dijo: «¡Qué necios y torpes sois para creer lo que dijeron los profetas! ¿No era necesario que el Mesías padeciera esto y entrara así en su gloria?». Y, comenzando por Moisés y siguiendo por todos los profetas, les explicó lo que se refería a Él en todas las Escrituras.

Llegaron cerca de la aldea adonde iban y Él simuló que iba a seguir caminando; pero ellos lo apremiaron, diciendo: «Quédate con nosotros, porque atardece y el día va de caída». Y entró para quedarse con ellos. Sentado a la mesa con ellos, tomó el pan, pronunció la bendición, lo partió y se lo iba dando. A ellos se les abrieron los ojos y lo reconocieron. Pero Él desapareció de su vista. Y se dijeron el uno al otro: «¿No ardía nuestro corazón mientras nos hablaba por el camino y nos explicaba las Escrituras?». Y, levantándose en aquel momento, se volvieron a Jerusalén, donde encontraron reunidos a los Once con sus compañeros, que estaban diciendo: «Era verdad, ha resucitado el Señor y se ha aparecido a Simón». Y ellos contaron lo que les había pasado por el camino y cómo lo habían reconocido al partir el pan.

El itinerario que sustenta el Retiro de Emaús nace de aquella historia real ocurrida hace casi dos mil años y que hoy se me invita a revivir para comprender, explicar y dar sentido a mi propia vida.

Hacer el retiro me convierte en caminante. Un caminante que quiere recorrer ese mismo camino y esos mismos momentos que un día hicieron dos de los discípulos de Jesús, y que yo puedo hacer para abrazar mi realidad, dejarme acompañar por Jesús, dejarle encender el fuego en mi corazón, invitarle a quedarse conmigo, aprender a reconocerle y hacerme testigo de su amor loco por mí.

Tal como recoge el evangelista San Lucas, dos de los discípulos de Jesús volvían a su aldea llamada Emaús. Uno de ellos llamado Cleofás, posiblemente pariente de San José. El otro, el discípulo desconocido, parece invitarme a ponerme en su lugar para recorrer el camino que Él hizo aquel día.

Tras la muerte de Jesús los dos discípulos no habían podido mantener la esperanza. Todo se había venido abajo y ahora regresaban a su casa. En este camino de vuelta tienen que enfrentarse a lo que había pasado y a lo que estaban viviendo. Abrazar la realidad, pero ¿cuál es la realidad? ¿Cuál es mi realidad? ¿Quién soy yo frente a esto que ha sucedido?

No entienden nada, ni siquiera se comprenden a sí mismos. ¿A quién hemos estado siguiendo? Y ahora sin Él, ¿quiénes somos nosotros? Las preguntas que surgen les agitan, y les mueven a conocer lo que guarda su interior. A reconocer el anhelo que ya existía antes de que empezasen a seguir a Jesús, cómo, al seguirle, se empezó a calmar su sed, y cómo ahora, rotos sus planes y su esperanza, su herida era aún más profunda.

Se conocen, se aceptan, pero no pueden amarse ni encontrar sentido en eso que les pasa. Conversan buscando respuestas y razones, pero las heridas que había en cada uno se enfrentan y transforman su conversación en discusión.

De pronto, un extraño sale a su encuentro y empieza a acompañarlos. Sin que ellos le reconozcan, la sencilla pregunta de Jesús les hace parar y les hace situarse de nuevo ante una realidad que les duele: «¿Qué conversación es esa que traéis mientras vais de camino?».

El encuentro de Jesús con los discípulos no es casual. Él sale a su encuentro para que en Él, y aún sin darse cuenta, encuentren a Dios. Un Dios Padre que sale a su encuentro para restaurar su corazón. Un Dios Padre loco de amor por ellos y que quisiera expresarles la dimensión de su amor, y cómo ese amor que Él les tiene no depende de ellos, y cómo Jesús, fruto del amor de Dios por ellos, les puede mostrar la medida de su amor, capaz de entregarse hasta la cruz.

Pero ellos no lo ven aún, pues su realidad no les deja ver.

La discusión, fruto de sus heridas, se transforma ahora en una profunda tristeza. En ese silencio que deja la tristeza, Jesús vuelve a preguntarles y, con un simple «¿Qué?», les dice «Cuéntamelo tú», «Dime con tus palabras qué te ha pasado», «Dime quién eres cuando tu mundo se desmorona, dime cómo lo estás viviendo». Y ellos le cuentan que están tristes y hundidos por la muerte de Cristo, por todo lo que ha pasado, porque en Él habían puesto su esperanza... pero ya no esperan nada. Las heridas recientes de los discípulos se hacen ahora más profundas al encontrarse con las heridas de su pasado que brotan en el encuentro con ellos mismos.

Pero Dios no puede hacerse presente para ellos si ellos antes no se encuentran con su propia realidad, y en ella encontrarse con una herida que no está cerrada, una sed que no está saciada y un anhelo que no está satisfecho. Es mi realidad, tal vez no pueda amarla porque me duele.

Es una realidad sobre la que he echado tierra encima para ocultar las cosas que hay en mí que no están resueltas y que me gritan que no soy feliz. He cubierto mi vida de máscaras que me ayuden a protegerme del mundo y devolverle lo que me exige.

Ese grito profundo que muchas veces no reconozco detrás de todas las máscaras que he construido en mi vida, está preparando el encuentro, un encuentro que viene a curar mi herida, saciar mi sed y completar mi anhelo. Porque Dios necesita de nuestra pobreza para encontrarse con nosotros, de nuestros vacíos para llenarnos, y de nuestra herida para hacerse presente.

Y con este grito profundo del corazón en el que los discípulos se reconocen a sí mismos y se dirigen a Jesús, se empieza a construir un precioso momento de diálogo, de oración, entre Jesús y los discípulos. Jesús les hace ver su mirada superficial sobre lo que han visto y han vivido, y cómo en esa superficialidad es fácil destruir la esperanza y borrar la identidad de Cristo.

Y en esa realidad que los discípulos están viviendo, Jesús les acompaña, y a través de esa preciosa oración ellos poco a poco van descubriendo sus heridas, su sed y sus anhelos. Pero ahora Jesús les muestra que no era vana su esperanza. Jesús les hace ver como todo lo que había pasado era necesario para que se cumpliese el plan de Dios.

Entrando en La Palabra de Dios escrita les explica las escrituras para descubrirles todo lo que a Él se refería y ellos no habían comprendido, y con cada paso, con cada palabra, Cristo se irá reconstruyendo en el corazón de los discípulos, y su tristeza se irá desvaneciendo al contemplar cada uno su propia vida tal como la ve Dios y entender que Dios la ha ido escribiendo desde su propio corazón.

Cae la tarde. Los discípulos han llegado a casa. En todo el recorrido que han venido haciendo, Jesús no ha dejado de recoger lo que ellos guardaban en el corazón llevándoselo a Dios, intercediendo entre su dolor y el amor de Dios, recogiendo su herida y su pobreza y dejándolas en la custodia del corazón de Cristo y recogiendo el amor de Dios, con el que Jesús, aún un extraño para ellos, les abraza.

Jesús ha borrado la tristeza de sus corazones y Jesús hace amago de seguir y dejarles continuar sin Él. Ya sin tristeza, pero sin Él. Y en la libertad que les ha regalado para amar, los discípulos pueden dejarle marchar o abrirle la puerta.

Cuánto debe dolerle a Jesús pensar en separarse de ellos, pero sabe que ellos no podrían amar del todo si no fuesen libres del todo, y que aquello que puede separarles de Él, su falta de amor y sus pecados, es también fruto de esa libertad que Él les da.

Sabe que esa elección está ahí y le duele pensar que los discípulos con los que ahora camina le dejen marchar sin antes entender la cruz que Él ha abrazado y en la que ha transformado las cenizas de su falta de amor y su pecado.

Pero ellos no pueden dejarle marchar, no quieren dejarle marchar, y le apremian para que se quede con ellos, porque inconscientemente reconocen que su corazón ha vuelto a la vida y se aferran a ese desconocido en el que ahora confían porque les ha devuelto la esperanza.

Cuando los discípulos abren la puerta a Jesús, Él entra con ellos. Siguen sin reconocerle, pero Él no deja de acompañarlos adentrándose entre las frías paredes y la oscuridad de una casa a la que ellos volvían huyendo del mundo.

Una casa que les esperaba vacía sin sitio para nadie más que para ellos y su dolor. Pero ahora Jesús, Aquel en quien confían, está con ellos, les acompaña con un amor y una ternura infinita, y poco a poco la casa se llena de luz y calor.

Una luz y un calor que iluminan un corazón en el que ahora brotan mil historias y batallas que debieron compartir y vivir sin entender la dimensión del amor que encerraban y que ahora reconocen.

Jesús ocupa el centro de la mesa en el que tantas veces antes se han debido reunir en su nombre y ahora con Él, sin ellos saberlo. Él ha venido a su encuentro y ellos le han acogido, le han hecho un sitio y Él ahora bendice el pan y lo comparte con ellos. Y en esa bendición, en ese pan de vida, en esa eucaristía con la que Dios se hace presente y pone su morada entre ellos, se les abrieron los ojos y le reconocen.

Él desapareció de su vida pero ya nunca se irá de su lado, pues se ha quedado en su corazón, en su Palabra, en sus sacramentos, en la eucaristía y en la comunidad que es la Iglesia. Ese viento suave con el que Jesús ha soplado en ellos una nueva vida, ese Espíritu Santo, que es el Padre que salió a su encuentro y que es el Hijo que les ha acompañado, ya nunca dejará de soplar para ellos.

Miran atrás y se dan cuenta de que Jesús ha estado con ellos todo el rato, aunque ellos no le veían. Sin ellos merecerlo Jesús no había dejado de acompañarlos. Su Palabra hecha bendición en la mesa compartida, ha vuelto ahora sobre ellos para interpelarles en su propia vida y grabarse en su corazón.

El fuego que ahora sienten en el corazón hace que su realidad, su propia familia y sus amigos, se desvelen para ellos como verdaderos tesoros que antes no eran capaces de ver, y que ahora reconoce como parte del plan que Dios necesitó para llegar a ellos. Su deseo de reunirse con ellos se hace cada vez más grande.

El pan que Jesús compartió con ellos sigue alimentando el fuego de un corazón que poco a poco va dejando cada vez más sitio a Dios, que se ha colado en su vacío, ahora habitado, para hablarle a cada uno de ellos de su vida tal como Él la ve.

Y esos dos discípulos ya no pueden quedarse parados porque Cristo ha venido a su encuentro a decirles que todo era verdad y tenía sentido. Les ha encendido el corazón y necesitan compartirlo.

Se ponen en camino, ya sin miedo, sin discutir, sin tristeza, porque en ellos ha prendido la buena noticia. Y cuando se encuentran con la comunidad, otros discípulos les hablan de lo que han visto y ellos comparten lo que han vivido y cómo Jesús les ha hecho arder su corazón y les ha devuelto la ilusión, la fuerza y la esperanza, haciendo de ellos testigos valientes de la resurrección que seguirán dejando que Cristo siga por siempre encendiendo su corazón con su Palabra, la eucaristía y sus sacramentos y la Iglesia y su comunidad.

Cuánta alegría y cuánto agradecimiento debía quedar en ellos al final de ese día. Su pobreza y su pequeñez seguía ahí. Pero ya no tenían miedo, porque ahora sus heridas tenían sentido, su sed había encontrado el agua viva, y su anhelo se había transformado en una esperanza cierta y un camino claro. Dios estaba con ellos.

2.2
El reto de amar

Emaús, como retiro, es un problema que tiene por enunciado la vida, por desarrollo un camino y por resultado el encuentro de un amor.

Cuando éramos niños el colegio nos enfrentaba a pequeños problemas que debíamos resolver. Sencillos enunciados retaban nuestra capacidad en base a lo aprendido. Los primeros trazos, la lectura, los números y el movimiento se fueron complicando con manualidades, escritura, sumas, luego comprensión, idiomas, matemáticas, y así fuimos creciendo con problemas que ponían a prueba las capacidades y la formación que crecía en nosotros.

A los problemas del colegio se sumaban los problemas de casa. Algunos con enunciados sencillos como hacer la cama, recoger, limpiar... Estos sencillos enunciados y la formación que adquirimos nos iban confirmando en nuestra forma de responder y transformar el entorno. Pero llegaron problemas para los que nadie nos había instruido y para los que nadie tenía respuesta. ¿Quién soy? ¿Quién se esconde en mis padres y mis hermanos? ¿A quién elegir para el camino? ¿Cuánto durará el camino? ¿A dónde me llevará?

El mundo se llenaba de maestros que trataban de dar respuesta a todas estas cuestiones. Y nos reconfortábamos en las respuestas hechas de palabras que entendíamos de personas que respetábamos o apreciábamos. Y fuimos creciendo en el templado aire que sopla entre la noche y el día. Era suficiente.

Emaús nos enfrenta a este enunciado del yo, el otro, el camino, la verdad, la vida...

Pero igual que con los primeros problemas de nuestra niñez, Emaús nos dice... Lee despacio el enunciado. No tengas prisa. Léelo una vez y, cuando creas haberlo entendido, léelo otra vez con corazón de niño, pobre y sencillo. Y ahora guarda esas preguntas en tu silencio. Escucha al que te enseña, pero no por ser maestro, sino por ser testigo. Luego olvida lo aprendido y aprende de lo que hay en ti. Porque lo aprendido no puede explicar que somos paradojas de eternidad, más grandes por dentro que por fuera. Porque la lógica no puede perdonar el pasado, amar el presente y confiar en el futuro. Porque la lógica no puede explicar que el amor se pueda multiplicar por el amor, y convertirse en misericordia capaz de amar al que no lo merece.

Detrás de Emaús hay una fuente de agua donde llegan las preguntas y nacen las respuestas y a la que vienen a beber los testigos que Emaús nos regala. Y esa fuente es Cristo, que en Emaús sale a nuestro encuentro y nos dice... «Ven y verás».

Emaús no es un destino ni un final; para unos es un paso más en el camino de la fe, para otros es un primer paso, y con el que voy aprendiendo más de mí cuanto más me acerco a Cristo; leyendo el enunciado de la vida despacio, y encontrando respuestas que me enfrentan a nuevas preguntas del yo, del otro, del camino, de la verdad, y de la vida.

Emaús es un problema, pero no de los que te descomponen, sino de los que retan mi capacidad de amar más. Enuncia mi herida, mi sed y mi anhelo, me enseña acerca del amor de Dios, de su Palabra, sus Sacramentos y su Comunidad, y me ayuda a reconocer la respuesta en Cristo si le dejo entrar en mi casa, sentarse a mi mesa y compartirse conmigo.

2.3
Los momentos del retiro

Habría tantas formas de describir el Retiro de Emaús como personas y momentos que lo recorren. Pero aunque la experiencia que atesora cada caminante y cada servidor apenas puede recoger algunos matices, existe un recorrido esencial que el retiro pretende dibujar en el corazón de los caminantes que se acercan a participar en el retiro.

Pretender recoger en un libro lo que pasa en el Retiro de Emaús es como pretender que una pequeña vela encendida al borde de un camino iluminado por el sol, pueda servirle a alguien. Pero tal vez pueda recogerla para hacer desaparecer algunas sombras del camino o recorrerlo también de noche. Sin más pretensión que esta, nos aventuramos a encender esta vela que nos ayude a acercarnos a reconocer los momentos del camino que hicieron los discípulos de Jesús y que hoy el retiro me invita a recorrer.

Hay un momento que es anterior al retiro y que se dibuja de muy diversas maneras. Es un tiempo de encuentro entre mi realidad y la invitación a recibir un regalo que, con el desarrollo del retiro, podré abrir poco a poco si lo acepto.

El primer momento del retiro me habla del encuentro con mi realidad, lo que soy y lo que muestro, pero también con lo que guardo y lo que permanece oculto en mí.

El segundo momento del retiro me acerca al encuentro con Dios que me sale al paso y, llamándome por mi nombre, me ofrece cambiar su corazón por el mío, para que yo cure sus heridas y Él haga bellas las mías.

Un tercer momento dibuja el encuentro de un amor que aprende a mirar y acompañar a los que comparten mi vida y mis momentos, y se descalza para sentir sus pasos.

Más allá del retiro se abrirán otros momentos como el que me lleva al encuentro de un corazón de carne que, en el gastarse y desgastarse por los demás, en el amar y servir, encuentra paz.

Momentos que dibujan mi encuentro con Dios en mi propia historia.

2.4
La invitación

Cuando mi mujer me invitó al retiro después de hacerlo ella, no lo dudé. Mis hijas eran pequeñas y me pareció una excusa estupenda para descansar y desconectar dos días y, luego, vuelta a la normalidad. Qué ingenuo. Como si fuese un tamiz que filtra la roca, la piedra y la arena, el retiro me preguntó por tres veces: «¿A ti quién te ama?». La primera vez mi cabeza se llenó de nombres y caras que eran aquellos a los que yo quería y me demostraban afecto. La segunda vez en mi corazón solo estaban los nombres y caras de aquellos que me amaban de verdad y a los que yo no quería dejar de amar aun siendo su amor pobre e imperfecto. La tercera vez ya solo quedaban aquellos por los que me atrevería a dar la vida, pero no sabía quién estaría dispuesto a darla por mí. Y me quedé solo. En silencio. Y desde ese silencio, el retiro me ayudó a encontrarme con un Dios que me amaba hasta el extremo y daba la vida por mí, y reconstruyó mi oración, mi confianza y mi amor.

Han pasado ya casi 10 años, y desde entonces colaboro en la preparación de los retiros que se van abriendo en las parroquias de mi zona. A los retiros acuden personas con diferentes historias, circunstancias y anhelos, y por mil razones diferentes. Pero bajo la bruma de las mil razones que mueven a cada persona al retiro, todos comparten algo en común: el anhelo profundo, y a veces escondido, de ser amado. También ese anhelo debió ser el mío, pero entonces no sabía leer lo que estaba escrito en mi corazón.

Hoy, a pesar de todo el cariño que recibo de los que me quieren, mis lágrimas, de vez en cuando, empapan la pregunta de «Y a ti, ¿quién te quiere?», y veo que ese anhelo sigue estando ahí, pero ahora sé dónde mirar. Y en cada Navidad me encuentro con una cuna en la que nace Dios, en cada Pascua con una cruz en la que Jesús muere por mí, y en cada eucaristía con un amor perfecto, que no me ama por lo que hago, sino por lo que soy y tal como soy, que se ha quedado conmigo, que me espera en los que me rodean, y me muestra su morada de eternidad a la que camino. Cuando mi mujer me invitó al retiro me dio la oportunidad de conocer y recorrer el único camino en el que he podido encontrar la respuesta.

Movidos por la alegría que pudo dejar en ellos el retiro o movidos por un cariño que les mueve a ocuparse o preocuparse por nosotros, familiares o amigos se animan a invitarnos a vivir el retiro. «Merece la pena», «Son apenas dos días», «Te gustará», «Te vendrá bien»... Sea para que vivamos un tiempo de alegría o como tabla de salvación en el naufragio, la invitación a vivir el retiro nos desarma, porque viene de personas a las que apreciamos y en las que confiamos.

A veces la invitación nace desde el silencio del corazón de personas que han hecho el retiro y que, con su vida y sin decir una palabra, nos hablan de un amor tan grande que dejan en nosotros el anhelo de asomarnos a lo que encontraron en Emaús y que desde entonces crece en su corazón.

Sea como sea, una invitación es solo eso y en eso se quedará si la dejamos pasar. Dar un paso adelante, quedarnos donde estamos o dar media vuelta depende de nosotros.

Si no te decides a dar ese paso no te culpes por la pereza, el conformismo o el miedo que te frena. Simplemente deja en ti el ánimo de luchar contra todo ello para que no sean estas las razones que muevan tu corazón, y deja que crezca en ti más el trigo que mira al cielo, que la cizaña que te mantiene cosido a la tierra. Dios tiene más interés en nuestra felicidad que nosotros mismos, y sus tiempos acaban encontrándose con los nuestros en el lugar que se cruzan su espera y nuestro abandono.

Con cada invitación se abre una oportunidad de caminar con los otros, al encuentro de un amor nuevo y loco, que puede saciar nuestra capacidad infinita de ser amados, y enseñarnos a amar más y mejor. Si te decides a aceptar la invitación, que no te inquiete ser un mendigo de amor. Dios también lo es, y con una mano en su corazón y con la otra mano abierta y extendida parece decirnos: «Te doy mi corazón, ¿me das tú el tuyo?».

2.5
Dios elige el momento

Quienes caminan en cada retiro lo hacen porque Dios maneja los tiempos del corazón con una delicadeza infinita. Él sabe cuándo estamos preparados para abrirnos, cuándo podemos escuchar, cuándo nuestro muro se ha agrietado lo suficiente para que entre la luz.

En Emaús, ese tiempo llega siempre en el instante preciso, incluso cuando nosotros lo ignoramos o lo resistimos.

Yo mismo dije «no» varias veces.

Cuatro veces me excusé, convencido de que no lo necesitaba, aferrado a mis rutinas espirituales, refugiado en mis retiros de silencio.

La verdad —aunque entonces no lo veía— es que me negaba a hacerme vulnerable, a exponerme, a permitir que Dios tocara zonas de mi vida que yo prefería mantener bajo llave. Y, sin embargo, el día que finalmente dije «sí» no tuvo nada de extraordinario: fue simplemente una invitación inesperada, llegada a través de una persona que jamás habría imaginado. La aproveché para dar mi consentimiento… y también para ir acompañado de dos buenos amigos. Ese «sí» sencillo y desprovisto de solemnidad fue, sin saberlo, la llave de un encuentro que transformó mi vida.

A menudo creemos que llegamos a Emaús por casualidad… pero no es así. Nada en la vida espiritual es casual.

Como dice el Eclesiastés:

> *Todo tiene su momento, y cada cosa su tiempo bajo el cielo.*
>
> (Ecl 3,1)

Cuando el «todo» encuentre su «momento» lo sabremos si mantenemos un corazón atento. Porque Dios no suele irrumpir con estruendo, sino con la suavidad con la que habló a Elías:

> *En el susurro de una brisa suave.*
>
> (1 Re 19,12)

Por eso en Emaús no hay lugar para el desánimo ni para la autocensura.

Si todavía no diste el paso, no te culpes: quizá no era tu momento, quizá Dios estaba preparando el terreno.

El «sí» al retiro está siempre en manos de Aquel que nos busca incansablemente y nos llama en el momento oportuno.

Y tampoco debemos tener vergüenza o reparo en invitar a quienes creemos que podrían necesitarlo —estén cerca, lejos o tibios en su fe—, porque no somos protagonistas de nada, ni tenemos mérito alguno.

Como dice san Pablo:

> *¿Qué tienes que no hayas recibido?*
>
> (1 Cor 4,7)

Somos solo instrumentos humildes de un plan que nos supera, mensajeros torpes de una Voz que quiere resonar en el corazón de cada persona.

La invitación no es un acto de conquista espiritual, sino un gesto de amor: una mano que señala una puerta, sabiendo que quien la abrirá será siempre Dios.

2.6
El regalo del retiro

A pesar del amor que recibo de los que me rodean a veces siento el frío del amor que no recibo como necesito, o del amor que no sé dar como los demás merecen. Mientras trato de superar mi limitada y pobre forma de amar, mi infinita capacidad de recibir amor parece no poder llenarse con el amor finito e imperfecto que los demás pueden darme. No tiene sentido. Si existe Dios y Dios ha puesto ahí a mi familia y a mis amigos para querernos, ¿por qué su amor no me basta?

Poco a poco recorro el retiro como un camino en el que la respuesta se hace más clara, y entiendo que las personas que me rodean no son la fuente última de todo el amor que puedo recibir, sino las personas que Dios ha puesto a mi lado para aprender a amar y acercarnos juntos a su amor infinito, que nos da un sentido y va mucho más allá del barro del que estamos hechos. Entonces veo que Emaús es un regalo que me enseña a entender que nada me pertenece, solo las cosas que dejo entrar en mi corazón. Y ahora ese regalo que me ha aventurado a sentir —un amor infinito, descubrir mis tesoros en la Tierra y qué me hace mirar y caminar hacia el cielo—, quiero hacérselo yo a otros con el mismo cariño que conmigo lo hicieron para que también ellos vivan la sorpresa y la aventura de encontrar este tesoro.

Hubo un tiempo en el que todo lo recibíamos como un regalo. Cuando nuestra alma de niño no conocía el nombre ni el propósito de las cosas, todo llegaba a nuestra vida como un regalo que desbordaba nuestro entendimiento y nuestro corazón. Vivíamos de regalo en regalo, de sorpresa en sorpresa, de tesoro en tesoro.

Era un tiempo en el que nada esperábamos, nada necesitábamos y, sin embargo, lo recibimos todo. Era un tiempo de sonrisas constantes, de brillo en los ojos, de sueños preciosos. No importaba si éramos pobres o ricos, si vivíamos aquí o allá, si la vida era más sencilla o dura. Éramos almas de niño en cuerpos de niño, capaces de ver en la luz más pequeña un sol que lo iluminaba todo, nos daba calor y nos robaba el miedo. Porque no entendíamos que la vida no podía ser otra cosa que bella y fascinante.

Poco a poco la vida dejó de traernos cosas nuevas, o así lo entendimos nosotros. Dejamos de mirar para descubrir el mundo y empezamos a hacerlo simplemente para ir sorteando la vida. Los amaneceres empezaron a ser el mismo, sabíamos el nombre y propósito de cada cosa, y conocíamos el significado de cada persona. Nos acostumbramos a recibir de los demás los regalos que deseábamos, que esperábamos, o que merecíamos. Pero nada de esto nos devolvió un alma fascinada.

Pero nuestra alma de niño se ha resistido siempre a dejar de esperar que la vida pueda traernos algún regalo que nos haga vivir la vida como algo bello y fascinante. Y Dios nos responde no con algo nuevo, sino con una nueva mirada sobre las cosas, como la del niño que descubre sus tesoros no por lo que son, sino por cómo Él los ve.

Y en esta nuestra vida que no sabe cambiar su pobre mirada ni su corazón duro, a veces aparece alguien que te entrega con sumo cuidado y mirándote a los ojos un regalo que no esperas. Un precioso papel de mil colores esconde una caja que no te permite imaginar lo que guarda dentro. Le preguntas «¿Qué es?», y el otro simplemente te responde... «Es para ti. Ábrelo y verás». Y dentro encuentras algo que anhelabas sin saberlo, esperabas sin imaginarlo, y recibes sin merecerlo. Y entonces, todo cambia.

Quien hace Emaús y abre ese regalo por sí mismo, encuentra un tesoro. Quien te entrega el retiro envuelto como un regalo, quiere que tú encuentres el tuyo. Solo necesita de tu confianza. No hay nada más ni menos en el silencio que custodia este tesoro escondido. Es así de sencillo.

Tal vez no encuentres en este libro las respuestas a las preguntas que tienes sobre el retiro. Pero déjanos poner en tus manos este regalo aún envuelto para que, apenas rozándolo por fuera, puedas sentir lo grande que puede ser por dentro.

2.7
El regalo de la fe

Si Emaús es un regalo que no se explica sino que se ofrece, también la fe misma es un regalo.

No es un premio a quienes se esfuerzan más, ni una herencia automática, ni una emoción pasajera.

La fe llega, muchas veces, como llega un amanecer: sin hacer ruido, cuando ya no esperabas nada... o cuando lo esperabas todo de la manera equivocada.

Es un don que Dios derrama con suavidad, como quien deja caer una semilla en la tierra sin forzar el proceso, confiando en que un día germinará.

Por eso Jesús decía:

A vosotros se os ha concedido conocer los misterios del Reino

(Mt 13,11).

La fe no se conquista: se recibe.

Y así como la fe es un regalo que Dios nos pone en las manos, también Él espera un regalo de nosotros.

Pero no espera logros, títulos espirituales o grandes gestos heroicos. Dios solo anhela una cosa: nuestro corazón.

El tuyo, tal como es, con su mezcla de luz y sombra, con sus heridas, sus miedos, sus anhelos y sus silencios.

No pide un corazón perfecto, pide un corazón abierto.

No pide un alma impecable, pide un alma dispuesta. Como dijo san Agustín:

> Dios tiene sed de que el hombre tenga sed de Él.

Ese es el misterio más hermoso: el Creador del universo quiere recibir como regalo lo único que no puede tomar sin tu permiso —tu libertad para amarle—. En lo profundo del alma, Él sigue susurrando:

> *Dame, hijo mío, tu corazón.*
>
> (Prov 23,26).

Y cuando uno se lo entrega, aunque sea temblando, Dios hace con ese gesto lo que solo Él sabe hacer: lo transforma, lo sana, lo llena de vida.

Por eso Emaús no es un examen espiritual, ni una prueba, ni un filtro moral. Es simplemente un lugar donde Dios recibe corazones y da fe. Un espacio donde el regalo de la fe y el regalo del corazón se encuentran y se reconocen mutuamente.

Donde cada persona descubre que su alma —y solo su alma— es el tesoro que Dios más desea.

Y así, como un niño que entrega un pequeño dibujo a su padre y ve en sus ojos una alegría desbordante, quien entrega su corazón a Dios descubre que Él lo acoge con una ternura infinita. Porque el mayor milagro de Emaús no es lo que ocurre alrededor, sino lo que ocurre dentro: la certeza sencilla y profunda de que:

> Dios me quería antes, me quiere ahora y me seguirá queriendo siempre.

Y que, aunque yo no lo supiera, yo también era un regalo para Él.

2.8
El regalo del sí

Hay un instante, siempre discreto, en el que el corazón comprende que ya no puede seguir postergando el encuentro. Ese es el momento de la verdad: cuando las dudas, los recelos y las excusas empiezan a quedarse pequeñas, y aparece en el alma un deseo nuevo, suave pero firme, de confiar.

Decir «sí» no es una decisión espectacular; es, más bien, un acto de valentía silenciosa. Es atrevernos a mirar el horizonte sin saber qué habrá al final del camino, es soltar el control y permitir que sea el propio camino —y no nuestras defensas— el que marque el ritmo y la dirección.

Aceptar la invitación es también soltar amarras. Soltar los «No puedo», los «No me atrevo», los «No es para mí». Soltar las precauciones que hemos construido durante años para proteger lo más frágil de nosotros mismos. Y cuando soltamos, cuando nos dejamos hacer, algo precioso ocurre: el alma respira. El corazón, que tantas veces hemos contenido, se abre. La gracia encuentra una rendija por donde entrar.

Confiar en la invitación y aceptar el regalo es, en sí mismo, un acto de humildad extraordinaria.

Porque cuando abrimos un regalo, nuestras expectativas pasan a un segundo plano: dejamos de exigir y empezamos a recibir.

Nos alegramos incluso con el envoltorio, porque lo que nos conmueve no es lo que contiene la caja, sino el amor de quien nos la entrega.

Así es Emaús: un regalo que se recibe en confianza, un gesto de amor hacia quien nos ha invitado, hacia quien ha rezado por nosotros, hacia quien sin palabras ha creído que merecíamos una oportunidad de luz.

En solo un fin de semana —dos días y medio apenas— vas a recorrer miles de kilómetros de camino espiritual.

No necesitarás más apoyo que ser dócil, dejarte hacer, caminar sin prisa. En Emaús se camina casi sin darse cuenta: sin referencias de tiempo, sin relojes, sin exigencias. Caminas siempre acompañado, con un lucero que guía tus pasos: la presencia constante del Santísimo, expuesto día y noche en la capilla, recordándote que no estás solo, que Alguien sostiene tu caminar incluso cuando tú no sientes fuerzas para dar un paso más.

Y algo aún más hermoso: tu «Sí» no es solo un regalo para ti. Es también un regalo para todos los que te rodean.

Para los caminantes, que verán en ti una pequeña luz que aporta calor y color a su propio recorrido.

Para los servidores, que llevan meses rezando por ti sin conocerte, esperando tu llegada como quien espera a un hermano.

Tu presencia ensancha el camino, lo hace más ancho, más fácil, más luminoso. Porque Emaús es, ante todo, un camino compartido, donde nadie camina solo, donde todos sostienen a todos, donde siempre encuentras miradas de comprensión, de cariño y de amor sincero.

Ese camino se vuelve más suave, más humano, más de Dios... precisamente porque tú dijiste que sí.

Tu aceptación no solo te transforma a ti: transforma a la comunidad, ensancha el corazón de los demás y hace crecer la fe de todos.

Así funciona la gracia: silenciosa, inesperada, humilde... pero capaz de mover montañas

2.8.1 El regalo del camino

Cuando era joven unos amigos me invitaron a hacer el Camino de Santiago. El segundo día mi rodilla se resintió y me impidió seguir el ritmo del grupo. Las siguientes etapas fueron solitarias. Dos días avancé con la rabia de no poder compartir el camino con los demás, la frustración de avanzar despacio y el dolor de una rodilla y un orgullo maltrechos. Mis planes no habían sido esos. Pero entonces, entre los huecos que había entre la rabia, la frustración y el dolor empezaron a colarse los gestos cariñosos de otros peregrinos empapados en un amanecer, un paisaje o una brisa. Mi dolor y mi ritmo al andar eran los mismos, pero mi camino cambió. Si mi pobreza no me hubiese acompañado durante un tiempo, si mi frustración no me hubiese arrebatado mis planes, las cosas que me regaló el camino no habrían podido anidar en mí.

Cuando mi tormenta interior calló, pude escuchar un corazón y sentir un camino. Desde entonces recorro la vida más abierto a lo que pueda regalarme, muy atento a mi rabia y frustración para que no me arrebaten un tiempo precioso, a mi corazón, para que me haga compañía, y al camino, en el que me descalzo para sentirlo mejor y sentir el paso de los que me acompañan o se cruzan conmigo.

Tal vez en la misa del peregrino que hicimos al iniciar el camino en Roncesvalles, Dios no me dio lo que yo le pedí, pero me regaló lo que de verdad necesitaba. Desde entonces cada vez que me canso de andar, le siento decirme «Hagamos un trato, yo haré salir el sol un día más para ti, y tú anda para mí un día más». Por eso, cada vez que un caminante se resiste a vivir el retiro pero a pesar de todo se decide a «andar un día más», imagino que el Señor sonríe.

Los caminos que menos recordamos son aquellos que recorremos sin dificultad. Aquellos en los que soy yo quien elige el momento y el recorrido, controlo el tiempo, el ritmo y el esfuerzo y evito las sorpresas, dejando poco espacio para la sorpresa y la aventura.

Andamos esos caminos, pero nada de nosotros queda en ellos y nada de ellos queda en nosotros. Hay otros caminos que no podemos elegir, ni controlar, ni evitar, que nos hacen disfrutar, pero también caer, que rompen nuestros límites y en ellos nuestra alma crece.

Así es nuestra vida. Un camino por el que avanzamos atesorando momentos, lugares y nombres con cada nuevo paso. Algunos recorrerán ese camino persiguiendo un fin, y tomarán cualquier atajo que les acerque a su destino evitando las piedras que les hagan tropezar y avanzar. Son los que viven del futuro.

Otros recorrerán el camino disfrutando de los encuentros que cada día pueda traerles y dando sentido a sus días con cada lugar, momento y persona que habita el camino. Son los que viven del presente.

Otros, cansados de andar, simplemente se sentarán en el borde del camino pidiendo ayuda, a veces gritando, a veces en silencio. Cada uno a su manera elige cómo vivir ese camino que nos inspira, nos identifica, nos define, nos enseña, nos construye o nos derrota.

Pero entrecruzándose con todos esos caminos, hay un camino distinto. Es un camino que en realidad es anterior a todos los caminos; que siempre ha estado ahí. El primer camino. Un camino de sencillez, que devuelve al hombre a la tierra de la que está hecho, a su esencia, a su primer corazón. Un camino de perfección que eleva la mirada del hombre hacia el cielo, para hacerle crecer y darle sentido,

Emaús es un primer encuentro, o un reencuentro con ese camino. En un momento de nuestra vida, Emaús nos ayuda a mirar el camino que estábamos recorriendo y nos da la posibilidad de hacerlo nuevo.

2.8.2 Entrar por la puerta estrecha

En la sierra hay una preciosa casa en la que celebramos algunos retiros. El camino más corto para entrar en la casa es a través de una puerta en un muro de piedra que rodea la casa y que se abre para que entren los servidores unas horas antes de que lo hagan los caminantes.

Es una puerta pequeña, y por ella solo hay espacio para que entren las personas de una en una. Más alejada de la puerta principal, hay otra entrada a la casa por la que entran los que llevan grandes paquetes. Obliga a dar una vuelta más larga, pero siempre hay alguna persona atenta para ayudarle a coger la carga y acompañarle al interior de la casa.

Me gusta pensar que Emaús nos pide dejar todo lo que llevamos en las manos antes de entrar en el retiro, para poder entrar con ellas vacías y recibir lo que el retiro pueda darnos. Sin embargo, no dejo de ver una y otra vez cómo unos y otros entran vestidos con sus corazas y sus armas, con una maleta llena de disfraces y máscaras, o con una gran mochila de libros de historia o de religión, con las medallas ganadas en mil batallas... Pero Emaús no cierra ninguna puerta a ninguno. Ambas están abiertas. Los que no traen nada harán un camino más corto para entrar en la casa, y los que vengan cargados encontrarán a alguien que les ayudará a entrar su carga.

Una vez dentro de la casa el paso de unos y otros por los distintos lugares del retiro será también diferente. No todos los recorrerán de la misma manera. En una ocasión, en una de las salas de la casa había un cuadro de una imagen de Cristo, con los brazos extendidos hacia delante, con las manos abiertas y vacías como esperando que alguien quisiera cogerle sus manos. El cuadro había estado guardado en un almacén y alguien con un cigarro había quemado el lienzo, agujereando las palmas de las manos y el costado. Por esas casualidades del retiro, una de las personas que venía al retiro era un artesano al que le gustaba pintar. Al ver las heridas buscó los trozos de lona que pegó por detrás del cuadro tapando las heridas. Luego buscó lápices y rotuladores de colores y puso la imagen frente a él y, con mucha delicadeza, fue coloreando la tela blanca recién puesta hasta que desaparecieron los agujeros de las manos y del costado. En las manos y el costado de Cristo aún se dibujaban las heridas de los clavos y de la lanza, pero ahora, al mirar la imagen, podías ver a Cristo sonriendo como si ya no le doliesen.

Sé que puedo entrar en la casa del retiro por la puerta estrecha, haciendo un camino más corto si entro con las manos vacías, y dejando fuera del retiro mis prejuicios, mis corazas, mis maestrías, pero también sé que puedo entrar

> con ellos y que, aunque me pesen, alguien me ayudará a cargar con ellos para entrar en la casa, pero sé que en algún momento tendré que dejar lo que llevo en las manos si quiero dejar que el retiro me dé las herramientas que me ayuden a fijarme más en Cristo, cogerle las manos y curar sus heridas.

No existe nadie que pueda abrir o cerrar el retiro a alguien que quiera entrar o salir de él, porque Emaús no tiene puertas.

Las únicas puertas que tiene el retiro son las que cada uno trae consigo.

Vivimos nuestra vida como un espacio privado, a veces estrecho, donde abrimos la puerta hacia afuera para dejar salir lo que llevamos dentro, o la abrimos hacia dentro para permitir que entre lo que el mundo quiera traernos.

Abrimos y cerramos, a veces con miedo y otras con valentía. Y esas puertas —tan frágiles, tan humanas— nos esconden o nos protegen, nos aíslan o nos sostienen.

Pero para entrar en Emaús, para vivir un encuentro real con el amor de Dios, no hace falta una gran preparación ni un plan perfecto. Solo hace falta abrir la puerta del corazón, y abrirla de verdad.

San Juan Pablo II lo proclamó con fuerza, con una voz que aún hoy resuena en el alma de quienes lo escucharon:

> «*¡Spalancate le porte! ¡Abrid de par en par las puertas a Cristo!*
>
> Juan Pablo II, Inauguración de su pontificado, 1978

Abrir las puertas a Cristo es abrirse a la gracia. Es confiar en que Él entra solo cuando lo invitamos, nunca por la fuerza. Es dejarse acompañar sin miedo, mirar más al otro que a uno mismo, permitir que la misericordia derrita defensas que hemos cargado durante años.

Emaús es justamente eso: una puerta de entrada, una invitación clara, silenciosa y suave a iniciar un camino hacia la vida.

No es un camino exigente, sino liberador. No es un camino sofisticado, sino profundamente humano. Es el camino donde uno aprende a dejar que Cristo entre, a dejarse ver, a dejarse abrazar, a dejarse curar.

Porque al final, la única puerta que Dios espera ver abierta es la del corazón. Y cuando esa puerta se abre —aunque sea solo un poco—, su luz entra, su paz entra, y la vida comienza a transformarse desde dentro.

Emaús es esa primera bisagra que se mueve, ese primer chasquido interior que libera, esa primera rendija por donde entra el aire nuevo del Espíritu. Y una vez abierta, esa puerta ya no quiere cerrarse: porque quien ha sentido a Cristo al otro lado jamás vuelve a querer vivir con el corazón cerrado.

Emaús es la puerta y es el camino. Es la gracia que entra y la vida que comienza.

3. Caminar hacia Emaús

Cuento de la rosa

Ocurrió una vez que dos semillas de rosal fueron a caer en lo alto de una montaña. Una zona rocosa donde apenas crecía nada.

Aquellas semillas germinaron. Pronto dos jóvenes rosales se mostraron al mundo. Cada mañana uno de los rosales ponía a trabajar sus raíces para tomar el agua que el rocío le regalaba y erguía su tallo y su flor para recibir el calor de los primeros rayos del sol, y se mantenía despierto para escuchar el canto de los pájaros. El brillo de su tallo y el color de su rosa fueron creciendo cada día.

El otro rosal pronto se dio cuenta de que por aquel lugar nunca pasaría nadie que pudiese apreciar su valor y, desanimado, creció, pero no se empeñó en dar brillo a su tallo ni color a su flor. ¿Para qué? Nadie nunca le vería.

Un día el triste rosal le preguntó a su hermano:

«¿Por qué te empeñas en levantarte temprano y esforzarte por crecer hermoso? ¿No ves que estamos solos? ¿No ves que nadie te ve? Nadie puede ver nuestro valor».

El hermoso rosal se giró hacia él y le dijo:

«Pero Dios lo ve».

«¿Dios? Yo no veo a Dios por ningún lado», dijo la rosa triste. ¿Acaso viene a regar nuestra tierra? ¿Acaso nos da calor o nos habla?».

A lo que le contestó:

«¿De veras no le lo ves? ¿No ves el rocío que cada mañana humedece nuestra tierra? ¿O la lluvia que arranca nuestro mejor olor? ¿O el viento que nos acaricia? ¿O el sol que cada día nos calienta y cómo con cada atardecer nos regala un horizonte de color? ¿O los pájaros que cada día nos acompañan con su canto? ¿O las estrellas que nos hacen soñar?

Abre los ojos y mira. En cada una de estas pequeñas cosas está Dios».

Entonces la rosa triste le dijo:

«Sí claro. ¿Y qué me dices de las tormentas que arrancan nuestras hojas? ¿Los animales que dañan nuestro tallo? ¿Los fuertes vientos que rompen nuestras ramas?».

«Esos son los mejores regalos», dijo el bello rosal.

«Con ellos Dios nos dice que a veces sus planes no son los nuestros y nos agita para sacar lo mejor de nosotros. Pero tú, tú, sin duda, eres su mejor regalo. Dios te quiere tal como eres porque aun siendo imperfecto eres su creación más querida y quiere lo mejor para hacerte bello. Pero tu belleza no está en la altura de tu tallo ni en el color de tu flor, sino en los pedazos que dejas de ti cuando intentas seguir creciendo entre las piedras. Y así, cuando te vacías de ti, podrás llenarte de Dios».

El rosal triste calló. Esa noche miró en su interior. Miró sus hojas rotas y su tallo espinoso. Su flor marchita. Miró sus raíces y vio que no eran tan diferentes de las de su hermano. Luego abrió los ojos y, por primera vez, vio el rocío, la lluvia, los pájaros, el sol y las estrellas, y se llenó de ellos.
Y Dios le miró, y sonrió.

No somos muy diferentes de una rosa que trata de crecer entre las rocas. Ninguno hemos elegido el lugar en el que hemos nacido ni la familia que tenemos. No hemos podido elegir nuestras circunstancias ni muchas de las cosas que nos han pasado. Pero podemos elegir la respuesta que damos al mundo.

Mientras unos hacen de su entorno un lugar en el que viven y crecen, otros encuentran en ese mismo entorno el motivo de su dolor y su infelicidad.

Es difícil mostrar nuestra belleza si las dificultades nos asedian. Pero Dios no deja de pedirnos el mostrar la belleza que Él ha puesto en nosotros aunque a veces no sepamos reconocerla.

Mi misión no es cambiar mi mundo para poder florecer, sino florecer allá donde esté para hacer más bello mi mundo, y al hacerlo, cambiarlo. Nuestra más bella flor está en poder amar, cuando el mundo no se lo espera y donde el mundo no se lo espera. Porque un mundo sorprendido por el amor que no merece es un mundo que hace más tierna su tierra para que crezcan semillas de amor en lugares en los que antes era imposible de soñar.

Ojalá todo el que llegue al retiro pueda abrir los ojos y ver la tierra, el viento, la luz y la lluvia que Dios guarda para nosotros, y que necesitamos para seguir creciendo y haciéndonos bellos en los más preciosos jardines, pero también en los rincones estériles y oscuros del mundo.

Tanto más vale una flor, por pequeña y humilde que sea, cuanto más grande es el desierto en el que florece, porque, con ella, desaparece el vació y aparece la belleza.

3.1
El encuentro conmigo

3.1.1. Conocerse

Hoy no dejo de preguntarme y no encontrar respuestas. Si yo no me di la vida, tal vez tampoco pueda darme a mí mismo su sentido. Busco respuestas a preguntas esenciales que llevo dentro, aunque pocas veces dejo que asomen.

Sin darme cuenta, esas grandes preguntas las transformo en preguntas pequeñas, que son las mismas pero que mi cabeza entiende: ¿Por qué hago el mal que no quiero a los que quiero? ¿Por qué no soy capaz de querer más y mejor? ¿Por qué sigo cayendo en lo mismo? ¿Por qué me siento vacío? ¿Por qué no sonrió más?

Es más fácil preguntarme esto que preguntarme el sentido de mi vida. Porque a las preguntas sencillas tal vez pueda darles una excusa que se parezca a una respuesta. Pero a la pregunta del sentido de mi vida, no puedo darle excusas ni respuesta.

No conozco la respuesta. Solo sé que cuando busco me quedo en los límites de mi humanidad, esa que es racional, esa que es fácil de explicar, y mis redes salen vacías, sin la paz de quien encuentra. Solo cuando entro en lo profundo que no entiendo, cuando entro en esa parte de mí mismo que es más grande que yo mismo, porque está abierta al misterio, a lo inexplicable, al infinito, y vuelvo a preguntarme, vuelvo a echar las redes, entonces, salen llenas.

Veo cómo mi humanidad solo puede coger cinco panes y dos peces, veo cómo mi humanidad no puede andar sobre las aguas, veo cómo mi humanidad no puede hacer milagros, veo cómo mi humanidad quiere estar cerca de la orilla, veo cómo mi humanidad huye de preguntarse y quiere quedarse en la luz de lo que conoce.

Pero cada paso que doy en ese mar profundo, a veces en el que se luchan las tormentas más duras, donde están los fondos más oscuros, es donde mi corazón se llena de una paz que mi cabeza no entiende.

Es precioso ese mar al que el Señor nos lleva para recoger los frutos infinitos que Él guarda en mi propia profundidad y tormentas, pero también en la profundidad y tempestades de mi familia, de mis amigos y de mis extraños.

Sigo entrando en ese mar, cada vez más y más profundo, que me lleva al corazón de Cristo y que llena mis redes, mis anhelos, mis preguntas y mi sentido.

Todos llegamos al retiro con una historia vivida, un presente habitado y un futuro anhelado.

Nos conocemos. Conocemos nuestro presente. Sabemos quienes somos, lo que nos gusta, lo que nos duele, lo que amamos, lo que nos destruye. Conocemos nuestro pasado, lo que pasó, lo que significó, lo que quedó en nosotros, lo que queremos recordar, lo que quisiéramos olvidar. Y dejamos que nuestro pasado y nuestro presente se extiendan hacia delante haciéndonos imaginar un futuro.

Pero no nos reconocemos. En nuestro interior ya queda poco del niño que un día fuimos. Apenas unos restos de nuestros planes de juventud. Estamos llenos de recovecos en los que hemos dejado que se acumule el polvo, de ventanas cerradas que ya no tenemos fuerzas para abrir, de pasillos oscuros que no queremos recorrer.

El amor imperfecto que hemos recibido nos ha hecho cerrar habitaciones de nuestra alma para no ser lastimada. Eran salas en las que de niños había luz. La ingenuidad, la inocencia, la confianza, la gratuidad, la admiración, la sorpresa. La generosidad, la entrega, el compartir... Cuántas salas en las que ahora entra menos la luz o que hemos cerrado del todo. Arrinconamos nuestra vida más profunda a una pequeña sala que aún sentimos iluminada por aquellos a quienes amamos y que nos aman.

Hemos tenido mucho tiempo nuestro corazón expuesto al mundo y el mundo no lo ha cuidado. Aquellos en los que un día confiamos, nos hicieron daño. Aquellos en los que pusimos nuestra esperanza, nos fallaron. Necesitábamos protegerlo. ¿Quién quiere un corazón herido y roto? Preferimos un corazón feliz en una pequeña trinchera a un corazón herido por las batallas que se libran a campo abierto.

Y así transcurre nuestra vida. Dejando fuera de ella a aquellos que nos hieren o quiebran nuestros planes. Y con cada persona que dejamos fuera de nuestra vida hacemos más profunda y estrecha la trinchera en la que descansa nuestro corazón.

Un corazón escondido es un corazón que no se gasta. Pero no puede amar.

Un corazón escondido es un corazón que no sufre. Pero no puede sentir amor.

Emaús nos da la oportunidad de empezar a recorrer el camino más largo y el más difícil. El camino que va desde mi corazón al mundo. Es un camino interior que pasa por el niño que fuimos, los planes que tuvimos, el polvo que acumulamos, las ventanas que cerramos, los pasillos que evitamos y las personas que amamos.

Reconocerse es dejar que mi corazón recorra ese camino con una renovada capacidad de amar y de ser amado, dejando que cada herida y cada sombra de mi corazón forme parte también de mi historia y de lo que soy. Y reconociendo, en cada marca y herida de mi corazón, las batallas de amor a las que se ha enfrentado.

3.1.2 Consentirse

> Yo no tengo respuestas a nada. Tampoco las busco. Si algo me duele vuelvo al silencio donde ha de crecer la oración y hago que ese silencio inunde mi yo y me desnude, y

entonces, Dios se cuela y lo llena todo. Pero me cuesta volver a ese silencio cuando mi corazón y mi cabeza rugen respondiendo al mundo con las semillas del mal que no he sabido dejar de hacer crecer en mí. Pero ahora ya no devuelvo al mundo el fruto de mi mal, sino que lo recojo con suavidad, como el padre que abraza a un hijo que le ha fallado, en vez de castigarle. Y amando el fruto de las semillas de ese mal, el mal se desvanece porque no alcanza al mundo, sino que se disuelve en un corazón pobre que quiere amar, aunque no sepa cómo.

Tengo que consentirme en permanecer pobre y sin fuerzas.

Las batallas de amor que libro las veo como un camino que me regala Dios. Me empeño en salir corriendo de lo que me afecta y me duele, y si no puedo huir de ello, dejo que el demonio responda con rabia, tristeza, desánimo... Dios me pone en la batalla. Pero yo elijo cómo he de enfrentarme a ella. Si me duelen las batallas es porque he dejado de verlas como un regalo querido por Dios y como una oportunidad de crecer en el amor.

En el Retiro de Emaús he aprendido a dar sentido al sufrimiento y he dejado de huir de él. Que puedo mirar hacia la cruz de la que había estado huyendo, corriendo para abrazarla. Soy tan pobre y débil que huyo de aquello que es lo único que puede acercarme a Dios.

Es fácil decir a alguien «Ama a tu enemigo». Al que te hace daño. Pero es de héroes hacerlo. O tal vez no. Si me cuesta ver en la dificultad a Dios, es solo porque en la dificultad mi «yo» sigue demasiado presente.

En mi vida he llorado y sufrido hasta la desesperación. Y cuanto más abajo llegaba, más le gritaba y gritaba. Y Él simplemente parecía decir dame tus gritos, dame tu desesperación, dame todas tus lágrimas... Dámelo todo. Y cuando ya no me quedaba nada de nada, cuando ya no tenía fuerzas de nada más, se ha sentado a mi lado. Y sus heridas me han parecido infinitas comparadas con las mías. Y al principio pensaba, «De qué me quejo si tú has sufrido más».

Y Él me ha enseñado que el dolor no es malo. Es malo lo que yo hago de él. Que sus heridas son un regalo igual que las mías lo pueden ser para mí.

El sufrimiento me construye y me define. Porque me rompe y puedo volver a construir una versión mejor de lo que era antes de sufrir.

Si estoy hecho de una pieza, ¿por dónde entrará la luz? ¿Por dónde asomará mi alma?

Es duro. Muy duro que el mundo no te ame. Pero más duro es que yo no pueda amarme y que yo no sepa amar al mundo. Si me puedo consentir amar mi debilidad, ¿acaso no podré consentir amar la debilidad del mundo?

Porque Dios me ama con locura y no quiere dejar de hacerme vivir sus planes y no los míos. Y para eso me rompe una y otra vez. Porque cuánto más pequeños sean mis pedazos, más difíciles me será unirlos, y Él, por fin, podrá hacer nuevas todas las cosas. Una vasija de barro imperfectísima, llena de agujeros por los que Dios pueda colarse y por los que mi alma se escape para iluminar a otros.

Si he de sufrir, le pediré a Dios que cambie cada gota derramada por un rayo de luz que me ayude a encontrar las cenizas que me oscurecen y devolverlas al fuego de la hoguera de la que nacieron para que el calor las haga subir al cielo. La Tierra y el Cielo se cosen por los rayos de luz que bajan desde el Cielo a la Tierra y a los que respondo con el humo que eleva mis cenizas y me deja un alma más limpia.

Dios no nos pide ser perfectos. Solo nos pide entregarle todos nuestros pedazos. Sin reservarnos ninguno. Para que Él pueda construir un nuevo corazón en nosotros.

3.1.3 Cambiar

Me pregunto si hay alguna forma de cambiar el mundo. Pero al hacerme esta pregunta también me pregunto qué significa cambiar el mundo. Si cada uno lo pudiésemos cambiar e hiciésemos el mundo que queremos, ¿sería ese el mejor mundo para todos? Si busco la felicidad como algo que está fuera de mí veo que el mundo que yo persigo es distinto del mundo que otros persiguen. Pero si busco la felicidad como algo que Dios nos regala, entonces veo que es la misma que todos buscamos.

Cuanto más camino hago, más veo que no puedo cambiar el mundo si yo no cambio primero. Veo que cambiar el mundo significa cambiar yo. Y antes de iniciar cualquier viaje hacia los cambios que veo que necesita el mundo, inicio el viaje más profundo hacia mi propia alma. Ahora dejo de mirar el horizonte de los grandes viajes que me gustaría hacer como persona, para reconocer el viaje más hermoso que me gustaría hacer como el alma que necesita este mundo para ser cambiado, y empiezo el viaje fijándome en los pequeños gestos que hace Dios para mostrarme su amor, indicarme el camino y ser capaz de dar pasos sencillos que vayan transformando mi alma. Cada pequeño paso no me lleva al horizonte de mi nuevo viaje, pero me mueve del sitio en el que estaba aunque apenas nadie lo note.

Cambiar yo... Qué reto tan grande. Pero aunque el horizonte se me antoja siempre igual de lejano, el camino cada vez me parece más claro y bello y siento cómo con cada paso va cambiando un poco más el mundo.

A veces no entiendes como por encima del dolor puedes sentir amor. Pero ese amor que parece venir del cielo, nos cambia si nos dejamos sentirlo y abrazarlo. Porque nos hace pequeños y agradecidos. Nos hace volver a ser niños, que no saben hacer nada sin mirar al padre, fijándose en Él y confiando todo en Él.

Es precioso morir para nacer de nuevo. Duele, sentimos los clavos, pero un día llega el abandono que nos lleva a la gratitud y entonces nacemos y, con nosotros, nace un mundo nuevo, que ama más y mejor porque yo lo hago.

Dios nos quiere exactamente viviendo la vida que tenemos, pero viviéndolo de otra manera. Si Dios quisiera que viviese otra vida tomaría mi carga y la llevaría Él, pero no dice eso; Él no nos invita a abandonar ni dejarle a Él nuestra carga, sino a ponernos a su lado, mirar donde Él mira y sentir lo que Él siente.

Si en la vida que me toca vivir soy capaz de acercarme un poquito a las cosas que guarda Jesús en su corazón, a encontrar en todos los momentos en todos los lugares y en todas las personas una oportunidad para amar más y mejor, seguiré viviendo mi vida sin sentirla como una carga, sino como un regalo lleno de batallas de amor que merecen la pena ser libradas hasta el extremo y aunque en ello me vaya la vida.

La vida duele. Pero es preciosa si aprendemos a ver y saciar la sed y curar las heridas de Cristo que duermen en el corazón de los que nos rodean y aquellas que también se guardan en el nuestro.

3.2
El encuentro con el otro

3.2.1 Aprender a confiar

Hace un tiempo pude acompañar a un grupo de personas en una etapa del camino de Santiago. En el grupo estaba Adriana, una chica ciega. Todos juntos empezamos a recorrer el camino. Adriana se ayudaba de su bastón para tantear el terreno y mantenerse dentro del camino. Pronto el grupo se fue adelantando y ella y yo nos quedamos los últimos. Cuando llevábamos algunos kilómetros, Adriana paró. Llevar el bastón tantos kilómetros le había hecho una herida en el dedo. Las heridas que a otras personas deja el camino por el roce del calzado a ella se las hacía el roce del bastón en la mano.

Hacía tiempo que trabajaba con personas ciegas y me atreví a hacerle una pregunta que me rondaba por la cabeza.

«¿Adriana, cómo imaginas tú el sentido de la vista? Puedes oír, escuchar, oler, tocar. Pero ninguno de estos sentidos por sí solo, ni todos juntos, pueden explicar lo que es la vista».

Ella, con el cariño de quien contesta a un niño que quiere aprender, me dijo:

«Yo no sé lo que es el sentido de la vista, porque yo nuca lo he tenido. Imagino que es algo que te permite percibir las cosas que te rodean, aunque no puedes tocarlas, ni olerlas, ni escucharlas. Sé que existe porque con este sentido la gente puede hacer cosas que yo no puedo y con ellos yo puedo llegar a sitios que ellos ven y yo no veo».

Unos días antes le pedía a Dios que me diese la fe que no tenía, pero hasta entonces no me había dado cuenta de que Dios ya me había puesto en el camino de la fe al rodearme de gente que podía hacer cosas que yo no podía y con ellos podía llegar a los sitios que ellos veían y yo no. Solo tenía que confiar.

Todos tenemos una experiencia de Dios, más o menos limitada o más o menos profunda.

A veces nuestra experiencia limitada de Dios nos aleja de otras personas a las que Dios ha regalado el don de la fe y han sabido recorrer caminos que a nosotros nos parecen imposibles de andar. Y cuando Jesús se pone a nuestro lado y nos pregunta si le amamos, no sabemos qué contestar, porque no le conocemos, y si no le conocemos, no podemos amarle.

En Emaús no avanzamos solo por el camino que vemos, sino por la confianza que depositamos en aquellos que pueden alcanzar cosas a las que nosotros no podemos llegar porque no las vemos.

Siguiendo el rastro de amor que dejan aquellos que siguen a un Jesús al que no vemos, podemos empezar a caminar. Al empezar a hacerlo con sencillez, dejamos de darle vueltas a las cosas que no entendemos y dejamos de frustrarnos por las cosas que no somos capaz de alcanzar. Simplemente caminamos, y en ese camino que ya no hacemos solo, nos encontramos con su Palabra, y un día le veremos partir el pan y compartirlo con nosotros.

Tal vez en Emaús no encontremos una respuesta a la pregunta que Jesús nos hace. Pero podemos llevarnos el deseo de quererle y caminar junto a los que puedan acercarnos a Él.

3.2.2 Aprender a perdonar

Hoy he creído entender por qué se puede amar a tu enemigo, a alguien que te hiere, a alguien que una y otra vez te falla. A alguien que hace daño a los tuyos, a alguien que rompe su alianza contigo. Dios nos ama así. Y Dios nos ama así porque su amor no depende de nosotros. Y veo que nos pide que amemos como Él. Que mi amor hacia los demás no dependa del otro, sino solo de mí mismo.

Es fácil amar a un extraño, pues su historial de errores y daños hacia mí está vacío. Pero ¿cómo amar plenamente cuando aquellos que te rodean tienen su mochila llena de imperfecciones? Pues así, simplemente amando. Porque aprendemos a amar no cuando encontramos a la persona perfecta, sino cuando llegamos a ver de manera perfecta a una persona imperfecta.

De este modo, si encontramos que no podemos amar a alguien que nos hiere, no es esa persona la que debe cambiar, sino yo mismo, pues solo me puede hacer daño el no amar bien. Así, las imperfecciones que veo en los demás solo han de ser la ventana que me muestra la imperfección de mi amor.

El amor es la única cura de todo. Solo curaremos a los que nos rodean cuando nuestro amor hacia ellos sea total y no dependa de ellos. Solo me curaré a mí mismo cuando pueda amar de forma perfecta.

¿No es acaso perfecto el amor de una madre hacia un recién nacido a pesar de sus infinitas limitaciones?

¿No es ese amor el que construye la persona que ese recién nacido puede ser? ¿Y la verdadera persona que esa madre puede ser?

Si miro solo la calidad de mi amor hacia los demás veo que es pobre, pues pongo en la balanza lo que soy y lo que recibo. Dios no necesita recibir para darse hasta el extremo. Y en esto reconozco la dimensión de su amor. Ojalá algún día sepa amar a todo y a todos sin esperar nada. Solo porque ese es el verdadero amor. Sé que se puede, porque Jesús lo hizo con los suyos y hoy lo sigue haciendo conmigo.

Cuántas cosas podría cambiar si amase así.

No podemos vivir sin que nos hagan daño. No podemos vivir sin hacer daño. Vivir duele. Pero es un regalo si por delante del dolor que nos hacen o que hacemos, ponemos el amor. Porque cuando lleguemos al cielo no nos examinarán de cuánto dolor hemos vivido, sino de cuánto hemos amado incluso cuando nos hacían daño, y cómo hemos restaurado el amor cuando hemos hecho daño.

Cuando lleguemos al cielo simplemente nos examinarán del amor. Emaús nos ayuda a encontrar nuestro corazón, limpiarlo de los muros y las máscaras con que lo protegemos, nos acerca a un Dios loco de amor que nos regala su corazón y ama el nuestro sin condiciones incluso cuando no lo merecemos, y nos enseña a llevar el nuestro en la mano y entregarlo a los demás. Y al hacerlo, nos enseña a cuidar el corazón de los que nos rodean, y a amar más y mejor. Amar duele. Pero es el camino.

3.2.3 Aprender a amar

Cuento del abrazo

Estando San Pedro en el cielo, vino a llamar alguien a la puerta. Al abrir, un hombre bien vestido aguardaba de pie, con la cabeza alta y los ojos muy abiertos.

«¿Qué deseas?», le preguntó San Pedro.

«Vengo a encontrarme con Dios».

«Muy bien. Has llamado a la puerta correcta. Pero antes de pasar, déjame ver tu corazón», le pidió San Pedro.

El hombre buscó en su interior, tomó su corazón y se lo entregó. Era un corazón limpio, grande y casi perfecto.

«¿Cómo has hecho para mantenerlo tan limpio y bello?».

«Hace unos años fui a un retiro en el que me enseñaron cómo cuidar mi corazón y el camino para llegar hasta aquí».

«¿Vienes solo?», le preguntó San Pedro.

«Sí, desde que hice aquel retiro he aprendido a guardarme en el Señor».

«Muy bien», le dijo San Pedro, y tomándole suavemente por el hombro añadió: «Ahora sígueme, el camino está oscuro, pero no te preocupes, yo te guiaré».

Entraron en el cielo y sosteniéndole con cariño San Pedro le fue guiando por un largo pasillo. Al cabo de un rato paró y suavemente le dijo:

«He de irme. Tú quédate aquí. Vendrá alguien que te ama con locura. Tú no le supiste amar bien, pero no te preocupes, Él no ha dejado de amarte. Te dará un corazón nuevo para que puedas entrar».

En ese momento sonó de nuevo el timbre del cielo.

De nuevo en la puerta, San Pedro la abrió. Al otro lado aguardaba un pequeño hombre desarrapado, con la cabeza baja y los ojos cerrados. Una lágrima le corría por la mejilla. En las manos llevaba un corazón.

Entonces San Pedro le preguntó: «¿Qué te pasa?».

«Me he perdido. De pronto me he encontrado aquí y no sé muy bien como he llegado».

«¿Vienes solo?», le pregunto San Pedro.

«No, estaba con mi familia y con mis amigos cuando de pronto he llegado aquí. Espero que ellos no se hayan perdido como yo. Ojalá pueda encontrarles de nuevo».

«Entiendo. ¿Puedes dejarme tu corazón?», le pidió San Pedro.

El hombre, que llevaba el corazón en las manos, se lo entregó. Era un corazón pequeño, lleno de manchas, muy arañado y lleno de cicatrices. Al verlo san Pedro le preguntó:

«¿Qué ha pasado?».

Aún con la cabeza hacia el suelo y los ojos cerrados, le contestó:

«No lo sé. Creo que no he sabido cuidarlo. Me faltó tiempo para aprender a hacerlo».

«Una vez fui a un retiro, y me dijeron cómo cuidarlo, pero lo olvidé. Solo sé que desde entonces todo cambió. Sacaron mi corazón y ya no quise guardarlo otra vez dentro de mí. Desde ese retiro he atravesado muchas tormentas y muchos desiertos. El sol y la lluvia han agrietado y envejecido mi corazón. Muchas veces se me ha caído al barro o entre rocas afiladas. También he tenido que soltarlo muchas veces y ha pasado por muchas manos, algunas

suaves que lo cuidaron, pero otras ásperas que lo arañaron. Perdí muchos trozos y ahora se ha hecho pequeño».

San Pedro se puso a su lado, le cogió suavemente de los hombros y le dijo:

«Te voy a llevar a un lugar. Sigue con los ojos cerrados y confía en mí».

Agarrándole suavemente por los hombres entró con él en el cielo. Después de recorrer algunos pasillos oscuros le dijo:

«Hemos llegado, te voy a dejar aquí.
Has vivido bien porque has amado.
Levanta la mirada, alguien que te ama ha venido a verte».

El pequeño hombre levantó la cabeza. Entonces Dios tomó ese corazón pequeño, sucio, arañado y sonrió, sonrió, le abrazó y le dijo:

«Ven, te presentaré a mi hijo. Tenéis cicatrices que compartir.
Pero antes ve con tu familia. Algunos han llegado antes que tú y te esperan.
Otros pronto llegarán porque, aunque sus corazones se resisten a mostrarse, llevan los trozos de tu corazón en sus manos».

Mientras tanto, el primer hombre, que aún esperaba, tanteó en la oscuridad su corazón frío. Dios se le acercó y, tomando su corazón le dijo:

«Ven, te presentaré a mi hijo. Tiene un nuevo corazón para ti».

Me cuesta amar a los demás cuando mi corazón se esconde en lo más hondo de mí tras una coraza que lo mantiene oculto y lo separa de los demás. Pero ¿hay otra forma de amar de verdad que no sea andar con el corazón en la mano?

Cuando saco mi corazón y lo llevo expuesto al mundo, el mundo reacciona ante ese corazón, pero también el mundo hace que a veces se me caiga de las manos, o lo araña, o lo rompe.

A veces se me cae o lo rozo por la fragilidad o la dureza de mis propias manos. Otras son las manos de otros en las que coloco el corazón, las que lo arañan o lo dejan caer. Pero ahí está. Afuera de mí mismo. Expuesto al aire y a la luz, pero también a la lluvia y a la oscuridad.

Pero intensamente sentimos que lo más bonito de llevar este corazón en las manos es que, cuanto más se gasta por fuera, más brilla por dentro.

Al fijarme cómo Jesús recoge mi pobreza y la guarda en su corazón y sentir mi miseria custodiada en su corazón, veo a la luz de su misericordia que este corazón que llevo en las manos no valdría de mucho si solo está en mis manos, o si solo pasa de mano en mano.

Que mi corazón toma su mayor sentido cuando lo pongo en las manos pobres de los demás. Y toma más valor cuando esa pobreza del otro es la que me ataca, me hace daño, me saca de mis casillas, porque su pobreza saca a la luz mi miseria. Aquella sobre la que necesito que otros pongan su corazón para curarla.

Jesús no dejó de regalar su corazón sin condiciones a todos en todo momento y en cada lugar.

Tal vez el deseo de tener un corazón como el de Jesús, lleno de misericordia, pueda convertir mi corazón en una semilla que pueda plantar en la tierra oscura de los demás.

No me corresponderá a mí el que esa semilla crezca y dé fruto.

Tal vez el Señor necesite de mí y de otros para cuidar de esa semilla, tal vez no necesite de nadie. Tal vez esa semilla dé fruto y lo vea, pero tal vez nunca llegue a conocer el fruto que un día dio o dará mi semilla.

Lo importante es que cada vez que pongo mi corazón transformado en semilla en el corazón de los demás, crece el amor en mi corazón para seguir poniendo una nueva semilla en el corazón de otras personas, aunque sus manos sean frágiles o ásperas y gasten mi corazón por fuera, porque se llena de luz por dentro.

Ojalá algún día sea capaz de amar a cualquier persona porque no sepa hacer otra cosa que amar sin que dependa de ella.

3.3
El encuentro con Jesús vivo

Mi proceso de conversión, como el de tantos otros, fue lento. Y quizá nunca termine del todo, porque convertirse es, en realidad, empezar a caminar hacia la luz una y otra vez.

Con catorce años, mi vida se quebró: mi madre se suicidó. Apenas dos años después, mi padre se volvió a casar, y en cuestión de meses sentí que perdía mi casa, mis rutinas, mis objetos, mis recuerdos... aquellas pequeñas seguridades que aún me quedaban. Esa herida, sumada a la rebeldía natural de una adolescencia en el Madrid de los años 80, me empujó a una crisis de fe profunda, a la pérdida de referencias y a un camino de autodestrucción donde el alcohol, las drogas y la juerga se convirtieron en anestesia.

Mi corazón se volvió un búnker. Lo enmuré con hormigón armado, decidido a que nadie pudiera entrar para volver a herirme. Y desde esa muralla aprendí a vivir desde un utilitarismo feroz: en lo personal y en lo profesional, nada ni nadie se pondría en mi camino. Era la estrategia de supervivencia de aquel niño solo y asustado que vivía dentro de mí, y al que yo había aprendido a ignorar para poder seguir respirando.

Un día, por pura casualidad —o por pura Providencia— escuché a San Juan Pablo II en el Bernabéu decir: «¡Jóvenes, jóvenes... no tengáis miedo!».

Aquellas palabras me golpearon como un mazo. Y, por primera vez, empecé a preguntarme si lo verdaderamente heroico y digno sería seguir ahí fuera, mirando desde la barrera, o atreverme a entrar entre esos «frikis» que cantaban y rezaban sin vergüenza, buscando una verdad que yo ni siquiera me permitía formular.

Comencé entonces un camino de conversión por la razón: estudié la doctrina de la Iglesia, volví tímidamente a la misa dominical, frecuenté grupos de oración. Poco a poco, mi mente empezó a formular preguntas nuevas. Pero la frustración me acompañaba siempre, porque nada de eso permeaba mi corazón. Vivía igual que antes, pero con culpa añadida. Sabía lo que era pecado, y me avergonzaban mis escrúpulos tanto como mis caídas.

Un día fui a escuchar a un joven de mi edad que había estado tres años de misionero en el Cuzco. Yo esperaba el relato heroico y novelesco de un «misionero» en tierras lejanas... pero lo que encontré fue humildad, sencillez, entrega, servicio, y un testimonio donde todo estaba ligado a la Providencia de Dios. No había espacio para el mérito personal. Ese testimonio me desmontó por dentro.

Nos hicimos buenos amigos, y un verano decidí acompañarle unas semanas a la misión de los Siervos de los Pobres del Tercer Mundo en Cuzco. Llegué con enormes expectativas... pero también con un miedo inmenso. Era, literalmente, mi último cartucho, la última oportunidad que le iba a dar a Dios para hacerse presente en mi vida de forma real.

Siempre he disfrutado con los niños. Ese Peter Pan que llevo dentro renacía entre los más de 300 pequeños que atendíamos en el comedor, en los talleres, en las actividades después de clase... y, sobre todo, jugando al voleibol en el patio. Mi corazón se iba derritiendo.

Acompañaba a la comunidad en maitines, laudes, vísperas, completas y rosario... pero me sentía ajeno, frío, como si recitar Avemarías y pasar cuentas del rosario fuese un conjuro extraño. Dentro de mí seguía habitando un desierto inmenso.

Hasta que un día ocurrió.

Era por la mañana. Una de las niñas de la misión, con la que yo había conectado especialmente, me vio a lo lejos. Corrió hacia mí con esa carita sucia, iluminada, con sus mejillas quemadas por el sol y la altura. Se plantó delante de mí, sin decir nada, y me tomó la mano.

Un gesto sencillo. Un gesto que había vivido decenas de veces. Pero algo se rompió dentro de mí. Me quedé petrificado. Un calor desconocido, abrasador, me inundó el pecho. Mis ojos se colmaron de lágrimas: pero no de pena, sino de una emoción nueva, una mezcla de ser amado, comprendido, abrazado por Alguien que iba mucho más allá de esa niña.

En esos pocos segundos, pasó mi vida ante mis ojos. Las piezas se reordenaron. Mi cabeza bajó al corazón, y mi corazón subió a la cabeza. Tuve —por fin— un encuentro personal con un Cristo vivo, un Cristo que me había salido al encuentro a través de esa niña pobre entre los pobres.

Fue un fogonazo emocional, sí, pero uno distinto a cualquier otro: porque en él había un eco de eternidad. Era al mismo tiempo sentir cómo ese niño herido de mi interior se sentía acogido, abrazado y perdonado, y al mismo tiempo, se me ofrecía un nuevo camino de vida libre de mochilas y con una esperanza que ya no dependía de mis fuerzas o autorrealización. Solo dejarse hacer.

Fue un encuentro con Dios. Un encuentro con lo escondido. Un encuentro conmigo mismo, pero conmigo tal y como Dios me imaginó. Un encuentro que encendió la llama de la fe que yo llevaba tantos años buscando. Una llama que ahora sabía que debía alimentar y compartir para el resto de mi vida.

Nunca he vuelto a vivir un encuentro semejante. Pero tampoco lo necesito. Quien ha tenido uno… sabe que con uno basta. Porque Dios no reparte su amor por entregas: cuando se derrama, se da entero. Y cuando contemplas la Verdad, las sombras desaparecen. Y esa hambre de plenitud te acompaña —silenciosa e insistente— el resto de tus días.

Ese encuentro cambió mi vida, como también la de tantos caminantes en Emaús.

Nadie ha explicado mejor el encuentro en Emaús que el Cardenal Robert Sarah (*Se hace tarde y anochece* de Cardenal Robert Sarah, Gloria Esteban Villar, Nicolas Diat).

Acordaos de esos dos hombres que dejan Jerusalén a sus espaldas y se dirigen fatigosamente a una aldea llamada Emaús. Por el camino les da alcance un desconocido que aminora el paso e inicia una conversación. «¿De qué veníais hablando?», les pregunta. La respuesta es muy franca: «¿Eres tú el único forastero en Jerusalén que no sabe lo que ha pasado allí estos días?». «¿Qué ha pasado?», les pregunta Él. «Lo de Jesús el Nazareno». El desconocido les contesta con un reproche algo acalorado: «¡Necios y torpes de corazón para creer todo lo que anunciaron los profetas!». Recordemos también el episodio de los apóstoles zarandeados por un fuerte vendaval mientras están en la barca: tienen motivos para inquietarse, porque la tempestad es terrible y sus vidas están amenazadas. Cristo se despierta y los reprende: «¡Hombres de poca fe!» (Lc 8, 25). ¿Por qué? La falta de esperanza y de fe equivale a desconfiar de Dios, dudar de que esté presente, de que sea fiel, de que actúe en nuestra vida y en medio de nuestras angustias. Hacemos mal si, estando junto a Cristo, perdemos la esperanza. Por eso Él les lanza este reproche: «¿No era preciso que el Cristo padeciera estas cosas y así entrara en su gloria?» (Lc 24, 26), y condena de forma explícita la falta de esperanza. En el trayecto hacia Emaús Jesús habla y los discípulos escuchan. Comenzando por Moisés y citando a los profetas, interpreta lo que las Escrituras dicen acerca de Él.

Este pasaje de los Evangelios es sin duda la *lectio divina* por excelencia. Cristo comentado por Cristo, Cristo explicado por Cristo, Cristo contemplado por Cristo.

Y llega el momento de despedirse. No obstante, en el corazón de aquellos hombres hay algo que se resiste a la separación: «Quédate con nosotros, porque se hace tarde y ya está anocheciendo» (ibid., 29). Jesús acepta y entran los tres en un albergue. Entonces ocurre algo verdaderamente extraordinario. San Lucas recurre al lenguaje de la Eucaristía: «[Jesús] tomó el pan, lo bendijo, lo partió y se lo dio» (ibid., 30). Sí, es la Eucaristía, el Sacramento de la Pascua de Cristo. Todo esto ocurre la noche de la Pascua. Solo entonces lo reconocen. Pero ya no le ven. Porque solo podemos unirnos a Cristo en su Presencia eucarística. Podrían haberse quedado un momento con Él, seguir escuchándolo, saciar su mirada con su rostro glorioso: «Lo que hemos visto con nuestros ojos, lo que hemos contemplado y han palpado nuestras manos», escribe san Juan en su primera carta (1, 1).

La fe abre los ojos para contemplar al Resucitado. Eso es lo que nos revela este espléndido texto.

«Al instante se levantaron y regresaron a Jerusalén». Se ponen en marcha envueltos en el frío de la noche. Ese día no han dormido. Regresan a la ciudad santa y van en busca de la comunidad de los apóstoles; los peregrinos de Emaús se contarán entre los primeros testigos de la resurrección.

Mientras Cristo hablaba, ardía su corazón. Al principio van arrastrando los pies y su fe se ha enfriado. Pero, mientras Cristo les explica las Escrituras, caminan al mismo paso que el resucitado. Cambiar de paso, cambiar de vida, cambiar el corazón: eso es quizá lo que el Señor espera de nosotros en la escucha de su palabra. Luego llega el momento de partir el pan, el momento de la Eucaristía.

Se suele decir que este episodio sigue el mismo desarrollo que la celebración eucarística: comienza con el peso del hombre pecador que ha dado la espalda a Jerusalén, el lugar de la cruz y del sufrimiento de Cristo. Luego se remueve con su palabra, la liturgia de la palabra, el comentario de la palabra: la homilía. Viene después la fracción del pan y el envío en misión.

Los dos hombres regresan a Jerusalén después de haber recibido a Cristo por entero: Cristo-Palabra, Cristo-Cuerpo, Cristo-Sangre, Cristo-Eucaristía. Nuevamente revestidos de esa Presencia, con el corazón lleno de la gloria silenciosa del Resucitado, se reúnen con la comunidad apostólica: la Iglesia fundada sobre los apóstoles.

Habían roto la comunión eclesial y fraterna. Desaliento, desesperanza, una fe menor, distanciamiento de los miembros de la Iglesia: se habían alejado en dirección a Emaús. Y recuperan la comunión eclesial. Recobran a Cristo-Eucaristía, se reencuentran con la Iglesia, restauran la comunión y serán testigos valientes del Resucitado.

Es Jesucristo quien edifica la Iglesia con su palabra y con la Eucaristía. Nosotros nos hacemos miembros de la Iglesia y misioneros del Evangelio, testigos del Resucitado, después de alimentarnos de la palabra, del Cuerpo y la Sangre de Jesucristo. Es Cristo quien construye su Iglesia; y nosotros somos ineptos colaboradores suyos.

3.3.1 El encuentro comienza siempre por la Palabra

En el camino de Emaús, lo primero que sucede no es el milagro del pan partido, sino un encuentro con la Palabra. Ese «ardor en el corazón» del que hablan los discípulos es el signo de quien escucha la verdad que ilumina desde dentro. Antes de ver al Resucitado, escuchan la verdad sobre Él. Jesús mismo interpreta las Escrituras «comenzando por Moisés», y al hacerlo despierta en ellos el fuego de lo real, porque la Palabra no es un discurso espiritual: es Cristo mismo hablándonos. Cuando su Palabra toca el alma, esta arde, porque el corazón reconoce la Verdad que lo hizo para sí. Por eso Jesús puede decir: «Yo soy el Camino, la Verdad y la Vida». En Emaús —y en todo proceso de conversión auténtico— el primer paso no es emocional, sino intelectual y espiritual a la vez: la Verdad reconocida como viva, personal y dirigida a mí.

3.3.2 Reconocer la presencia de Cristo en mi historia

Escuchar la Palabra abre un espacio interior en el que se produce el reconocimiento. Los discípulos, que caminaban desalentados y con «los ojos incapaces de reconocerle», descubren de pronto que Aquel que camina con ellos ha caminado siempre a su lado. Esa es una de las grandes revelaciones del Evangelio: el Señor no solo aparece en el momento de la gracia… estaba ya en el pasado, sosteniendo cada fragilidad, acompañando cada caída, iluminando cada noche, incluso cuando no sabíamos verlo. El encuentro con Cristo vivo en Emaús no consiste tanto en descubrir algo nuevo, sino en ver por primera vez lo que siempre estuvo ahí. Es la luz de la Verdad la que permite releer la propia historia sin miedo, reinterpretar heridas, comprender el sentido de los acontecimientos y entender que jamás estuvimos solos. Reconocer a Cristo es, por tanto, reconocer mi propia vida bajo una luz nueva.

3.3.3 La Verdad que transforma el camino y la vida

Ese reconocimiento —esa certeza de que el Resucitado está presente ahora y ha estado presente siempre— es lo que abre el corazón al cambio verdadero. Cuando los discípulos escuchan la Palabra, su paso cambia; cuando lo reconocen en la Eucaristía, su dirección cambia; y cuando lo descubren vivo, su misión cambia. La Palabra ilumina la mente, la presencia ilumina el corazón y la Eucaristía ilumina la vida entera. Si la fe fuera solo razonamiento, se perdería entre dudas; si fuera solo emoción, se evaporaría en los desiertos. Pero cuando es encuentro con la Verdad viva, entonces se vuelve fundamento sólido que transforma todo. La fe no elimina el misterio: nos permite atravesarlo. La verdadera conversión no consiste en entenderlo todo, sino en fiarse de quien lo entiende todo.

3.3.4 Del reconocimiento a la misión: la fe como respuesta

Por eso, una vez que los discípulos reconocen a Cristo, «se levantan y regresan a Jerusalén». Ya no huyen: anuncian. Ya no dudan: creen. Ya no caminan solos: caminan en comunidad. Ese es el fruto de la fe: una vida nueva, una mirada nueva, un corazón nuevo. La fe que nace del encuentro con Cristo vivo es la que empuja a volver a la Iglesia, a la comunión, a la fraternidad; a vivir la Eucaristía como centro, a alimentarse de la Palabra, a convertirse en testigo. Emaús nos enseña que la fe no es un asentimiento intelectual ni una emoción pasajera: es el reconocimiento profundo de la presencia de Cristo, que nos cambia por dentro y nos envía por fuera. Es Cristo quien edifica su Iglesia, y nosotros somos —como dice el cardenal Sarah— ineptos colaboradores suyos, pero colaboradores llamados, elegidos, amados. Y por eso, caminamos. Y por eso, anunciamos. Y por eso, creemos.

4. Los frutos del retiro

4.1
La Fe como palanca

El Retiro de Emaús es un retiro testimonial, y nos sitúa frente a personas que con sus propias palabras nos dan testimonio de cómo su vida y sus circunstancias les han hecho conocer a un Dios loco de amor por cada uno de ellos.

Son personas muy diferentes, con historias personales más o menos fáciles o difíciles, con una experiencia de fe.

Si algo se despierta —o renace— en el corazón de un caminante tras Emaús es la fe. No una idea, no una teoría, no un sentimiento pasajero, sino esa gracia inmensa que solo Dios puede regalar: la fe que nace del encuentro personal con un Cristo vivo, un Cristo que me conoce, me perdona, y me ama con un amor que no se retracta jamás.

La fe no es algo que podamos fabricar a base de pensamiento o esfuerzo. La razón, aunque necesaria, se cansa, se enreda, se contradice, se llena de dudas. Y el corazón, aunque noble, es inestable: la emoción sube y baja, hay días de sol y días de sombra, épocas de fervor y épocas de desierto.

Por eso no podemos fiar nuestro camino únicamente a la razón ni solamente al sentimiento. Cuando ambos fallan —y siempre fallan— es la fe la que nos sostiene. La fe es la única palanca que permanece cuando lo demás vacila, la única luz cuando la noche se hace espesa, la única fuerza cuando las fuerzas se acaban.

> *Si tuvierais fe como un grano de mostaza... moveríais montañas.*
>
> (Mt 17, 20)

La fe es esa palanca que mueve la vida entera, que empuja incluso cuando no hay ganas, que guía incluso cuando no vemos, que sostiene incluso cuando no sentimos.

El Papa Leon XIV lo explica así:

> *La fe es precisamente esto: no el esfuerzo colosal de alcanzar a un Dios sobrenatural, sino más bien dar la bienvenida a Jesús a nuestras vidas, el descubrimiento de que el rostro de Dios no está lejos de nuestros corazones. El Señor no es un ser mágico ni un misterio incognoscible. Se acercó a nosotros en Jesús, en ese Hombre nacido en Belén que murió en Jerusalén, resucitó y está vivo hoy. ¡Hoy! Y el misterio del cristianismo es que este Dios quiere unirse a nosotros, estar cerca de nosotros, convertirse en nuestro amigo. De esta manera, nos convertimos en Él.*

San Agustín escribió:

> *¿Comprendéis, hermanos y hermanas, la gracia de Dios sobre nosotros? ¿Lo entendéis? Llenaos de asombro, regocijaos y alegraos; hemos sido hechos Cristo. Porque si Él es la cabeza, nosotros somos los miembros: todo el hombre es Él y nosotros.*
>
> *La fe cristiana es participación en la vida divina a través de la experiencia de la humanidad de Jesús. En Él, Dios ya no es un concepto o un enigma, sino una Persona cercana a nosotros.*

Agustín experimentó todo esto durante su conversión, tocando de primera mano el poder de la amistad con Cristo, que cambió radicalmente su vida:

> *¿Y dónde estaba yo cuando te buscaba? Tú estabas delante de mí, pero yo me había alejado incluso de mí mismo; no me encontraba a mí mismo, y mucho menos a Ti.*

4.1.1 La fe como gracia

La fe no se conquista. Se recibe. Es pura gracia.

Por eso Jesús nos dice: «Pedid y recibiréis». Porque la fe crece y se alimenta como se alimentan las cosas vivas: con agua, con luz, con cuidado, con tiempo.

La oración es esa agua. Cada oración —incluso la más pobre, la más torpe, la más seca— es un riego sobre la pequeña planta de la fe que Dios ha sembrado en nosotros. Y esa planta, lentamente, comienza a expandir raíces, a fortalecerse, a abrirse paso entre las piedras que antes parecían inamovibles.

La fe es lo que permite integrar el misterio en la vida. De repente, la cruz ya no es un absurdo; el dolor ya no es un sinsentido; la fragilidad ya no es un fracaso; los desvíos ya no son pérdida... sino camino.

La fe nos permite ver la mano de Dios donde antes solo veíamos caos, nos permite reconocer su plan donde antes veíamos miedo, y nos permite aceptar su voluntad donde antes solo aceptábamos la nuestra.

4.1.2 La fe que transforma

La fe es la fuerza que nos conforma a Cristo, que nos modela por dentro, que nos hace nuevos, que nos abre los ojos, que nos cambia el corazón.

La razón ilumina. El amor impulsa. Pero solo la fe transforma. Transforma lo que pensamos, lo que sentimos, lo que hacemos, lo que esperamos.

Transforma nuestra manera de mirar, de juzgar, de vivir y de amar.

4.1.3 Los sacramentos: el alimento visible de la fe

Como Padre amoroso, Dios sabe que la fe necesita signos, porque somos cuerpo y alma, carne y espíritu.

Por eso la Iglesia nos ofrece los sacramentos: no como símbolos vacíos, sino como signos vivos de la presencia de Dios, como lugares concretos donde la gracia se derrama, como manantiales donde la fe se fortalece:

- el Bautismo que nos hace hijos
- la Eucaristía que nos alimenta
- la Reconciliación que nos libera
- la Confirmación que nos envía
- el Matrimonio y el Orden que consagran
- la Unción que abraza en la fragilidad…

Los sacramentos son la alianza visible entre Dios y el hombre, los lugares donde la fe se enraíza y crece. Sin ellos, la fe termina debilitándose; con ellos, la fe florece incluso en tierra árida.

4.1.4 El fruto definitivo

Lo que brota en Emaús es fe: la fe que confía, la fe que espera, la fe que ama, la fe que camina, la fe que se levanta, la fe que transforma, la fe que abre puertas, la fe que mueve montañas.

La fe que hace posible lo imposible: vivir con Dios, en Dios, para Dios.

Y esa fe —regalo absoluto del encuentro con Cristo— es el fruto más precioso, más duradero, más transformador que un Retiro de Emaús puede dejar en un corazón.

4.2
El perdón

El día en que comprendí la libertad

Hace unos años viví con mi familia en las afueras de Filadelfia, a escasos kilómetros del condado de Lancaster principal zona de granjas de la comunidad Amish, y durante ese tiempo tuvimos mucha relación con ellos: comprábamos su leche, sus huevos, su artesanía, y asistíamos a encuentros donde pudimos conversar y comprender mejor su aparente radicalidad.

Desde fuera, el juicio fácil es inevitable: «Rechazan el progreso», «Viven atrapados en otro siglo», «Condenan a sus hijos a un mundo sin oportunidades».

Lo pensamos porque medimos la vida según nuestras categorías: velocidad, consumo, acceso a todo, estímulos infinitos.

Pero nada de eso se correspondía con la realidad que encontramos allí.

Su radicalidad no nace del rechazo al progreso, sino de la aceptación humilde de lo que consideran el ritmo natural de la vida pensado por Dios.

Para ellos, todo se comparte, y vivir más rápido de lo que corre un caballo o dura la luz del día solo genera despilfarro, ansiedad y pérdida del sentido profundo de las cosas.

Nunca he experimentado una simplicidad, una belleza y una armonía humana tan hondas como las que vi en esas granjas: familias enteras viviendo en paz, trabajando juntos, rezando juntos, sin ruido, sin prisas, sin máscaras.

Y allí, en aquella comunidad tan serena, ocurrió una tragedia el año anterior a nuestra llegada que luego se llevó al cine bajo el título *Amish Grace* o *El perdón*. Un granjero no Amish, cuyo bebé había muerto al nacer, se dejó arrastrar por el dolor y la desesperación. Incapaz de aceptar su sufrimiento, decidió «vengarse» de Dios atacando lo que consideraba más inocente y querido por Él: los niños. Entró con un rifle en la escuela Amish y asesinó a cinco niñas antes de quitarse la vida.

Al día siguiente, los reporteros cubrían la tragedia. Uno de ellos grabó una escena que nunca olvidaré: varios ancianos de la comunidad caminaban hacia la casa de la viuda del asesino.

La reportera, desconcertada, pensaba que iban allí para reprocharle algo o exigir explicaciones, pero no: iban a darle el pésame por la muerte de su marido. La abrazaron. Lloraron con ella. Le dijeron que no estaba sola.

La película gira en torno a esa pregunta inmensa: ¿cómo es posible perdonar así? ¿De dónde sale una fuerza tan sobrenatural? ¿Qué ocurre cuando alguien decide no vivir encadenado al resentimiento?

Años después, en mi propio Emaús, comprendí lo que había visto entonces sin entenderlo.

Después de un proceso de aceptación de mí mismo —desde la mirada cariñosa, cercana y hasta divertida de un Cristo vivo—, al despojarme de excusas y defensas, algo me golpeó con fuerza: lo poco que había perdonado en mi vida. A mí mismo. A los más cercanos. A amigos. A compañeros de trabajo.

Me di cuenta de la enorme mochila de agravios, quejas y resentimientos que yo, sin quererlo, llevaba cargada a todas partes. Un peso que me había vuelto rígido, desconfiado, herido… y que yo mismo justificaba en nombre de mis dolores del pasado.

En aquel retiro, por primera vez, pude perdonar de corazón. Pude soltar. Pude liberar. Pude ver mi historia con misericordia.

Y me sentí profundamente libre. Libre de mi pasado. Libre de mis miedos. Libre de mis carencias. Libre de la prisión que yo mismo había construido.

Cuando abrí de par en par las puertas de mi corazón —y de paso, las de mis lagrimales— no pude parar de llorar durante horas. Pero eran lágrimas de gracia, de alivio, de nacimiento.

Lágrimas de alguien que, por primera vez, no solo comprende el perdón… lo vive.

En Emaús, tarde o temprano, todo caminante descubre que para abrirse a la gracia primero hay que vaciarse. Porque la gracia no se derrama sobre un corazón lleno, tenso o sujeto por dentro, sino sobre un corazón libre. Esta «kenosis» —este vaciamiento interior— no es únicamente un ejercicio ascético de desprendimiento de lo material, ni una simple distancia de nuestras preocupaciones o deseos mundanos.

Es algo más hondo, más delicado, más decisivo: es vaciarse de resentimientos, de heridas mal cerradas, de rencillas antiguas, de agravios alimentados durante años. Nada bloquea tanto la acción de Dios como un corazón que se aferra a lo que le hirió. Y nada abre tanto el alma a la gracia como el perdón.

Perdonar en Emaús no es un deber moral, ni un gesto de superioridad, ni un acto heroico. Es una respuesta natural al encuentro con un Cristo vivo que, al caminar con nosotros, nos muestra nuestras sombras con ternura y nuestras heridas con compasión. Él no se escandaliza de nuestras pobrezas, no se asusta de nuestras culpas, no se cansa de nuestras excusas: simplemente nos tiende la mano, como quien ofrece una salida, un puente, una nueva oportunidad.

El perdón es, entonces, un acto de confianza: entregarle todo lo que nos pesa para que Él lo transforme, lo limpie y lo haga suyo.

Emaús enseña que perdonar no es olvidar; es liberarse. No es justificar al otro; es romper las cadenas que nos atan a un pasado que nos hace daño. El resentimiento nos mantiene prisioneros de lo que ya ocurrió y no puede cambiarse; el perdón nos devuelve al presente y nos prepara para el futuro. El perdón no borra la dolorosa realidad de lo vivido, pero la ilumina desde dentro: lo que antes era herida se convierte en lugar de encuentro, en espacio de misericordia, en terreno fértil para el amor.

Cuando perdonamos, dejamos de cargar mochilas ajenas y recuperamos la ligereza del alma que vuelve a respirar.

En el retiro, muchos descubren —a veces entre lágrimas— que no solo necesitan perdonar a otros: necesitan perdonarse sobre todo a sí mismos. Perdonar la propia historia, las propias decisiones, las propias debilidades. Perdonarse por no haber sabido amar mejor, por haber herido, por haber fallado, por haberse escondido.

Ese perdón interior es un acto de humildad inmensa, porque consiste en dejar que Cristo nos mire con la misma compasión con la que Él miró a los discípulos en el camino: sin reproches, sin dureza, sin condiciones.

Y una vez que llega el perdón, la gracia fluye. La vida se ensancha. El corazón vuelve a latir con libertad. El alma se abre al amor y a la fe. Perdonar es soltar… para poder recibir. Perdonar es abrir puertas… para que entre la luz. Perdonar es reconocer que, en realidad, quien sana no soy yo: es Él.

Por eso, en Emaús, el perdón no es un final: es un comienzo. El primer paso de un camino nuevo. El lugar donde la gracia por fin puede entrar.

4.3
Hermandad

Entre todos los frutos que nacen de un Retiro de Emaús, hay uno que sorprende por su fuerza transformadora y su sencillez: la hermandad.

Una hermandad que no se elige ni se organiza, que no se decreta ni se impone, sino que brota. Nace del encuentro con Cristo, se alimenta en la oración, crece en la escucha, madura en el servicio y se vuelve hogar para quienes la viven.

La hermandad que surge en Emaús es un símbolo vivo de la Iglesia, esa casa donde todos tienen un lugar, donde nadie es extranjero, donde uno es recibido con los brazos abiertos, venga de donde venga, haya caminado donde haya caminado, haya servido en la parroquia que sea.

Es una hermandad que no conoce fronteras, idiomas ni colores, donde no importa la procedencia, ni la historia, ni el pasado, ni los errores. Lo único que importa es el corazón que llega en busca de Dios.

Y, a diferencia de tantas asociaciones humanas, Emaús no tiene capítulos, constituciones, estatutos, cargos, privilegios, estatus ni beneficios. No hay méritos que ganar ni títulos que conseguir. No existe un «arriba» ni un «abajo», ni un «antes» ni un «después». Solo existe la comunidad que acoge, que no juzga, que acompaña y que reza unida.

Es hermandad pura, esencial, desnuda de artificio.

4.3.1 Un lugar para ser uno mismo

En Emaús puedes ser tú mismo. Sin máscaras. Sin apariencias. Sin necesidad de fingir fortaleza ni esconder vulnerabilidades.

Es un espacio donde compartir tus miedos, tus frustraciones, tus heridas profundas y también tus alegrías más íntimas... con la certeza de que serás escuchado y respetado. Porque la hermandad no exige explicaciones, solo presencia.

Allí, donde cada uno se muestra como es, nace una libertad interior casi desconocida en otros ámbitos de la vida. Es la libertad de sentirse amado sin condiciones, la libertad de saber que tu historia tiene un lugar seguro donde descansar.

4.3.2 Una hermandad tejida de amor desinteresado

La hermandad de Emaús se sostiene sobre el amor desinteresado: esa decisión consciente y madura de buscar el bien del otro sin esperar nada a cambio. Un amor que no nace del sentimiento, sino de la voluntad, de la fe, de la oración.

Es un amor que reconoce en cada caminante un hermano, un hijo de Dios, un alma llamada a la santidad.

Un amor que es más fuerte que la diferencia, más profundo que la simpatía, más estable que la emoción.

El verdadero amor es una actitud ante la vida, una orientación estable del alma, un movimiento interior que impulsa a la entrega sincera de uno mismo a los demás.

El hombre está hecho para amar y ser amado. San Juan lo resume así: «Dios es amor»; por tanto, solo quien ama entra en la lógica misma de Dios. El amor sostiene, explica y justifica todas las acciones humanas que merecen la pena. Todo lo que trasciende, todo lo que perdura, todo lo que es verdaderamente humano nace del amor que uno tiene —y necesita— de otros.

Por eso, el sentido profundo de la vida se sostiene en el amor. El hombre encuentra en él su motivo, su impulso, su equilibrio y su fuerza. Y no solo para sentir, sino para actuar.

La historia humana lo confirma y también lo confirma la experiencia espiritual de Emaús: solo quien vive desde el amor, vive de verdad.

C.S. Lewis lo decía con claridad:

> *No pierdas el tiempo preguntándote si amas a tu prójimo... actúa como si lo amaras.*

Y añadía que, cuando uno actúa como si amara, termina amando. Porque el amor verdadero —lo que los cristianos llaman caridad— no nace de un sentimiento, sino de una decisión, de una voluntad que elige el bien del otro incluso cuando no apetece, cuando duele, cuando exige sacrificio.

El psicoanalista norteamericano Scott Peck (convertido al catolicismo) lo formuló con precisión:

> *El amor es la voluntad de extenderse a uno mismo para nutrir el crecimiento espiritual propio o del otro. El amor es un acto de la voluntad: una intención y una acción.*

Y Benedicto XVI, que tanto escribió sobre el amor, lo sintetizó de modo magistral:

> *No existe inteligencia y luego amor: existe un amor inteligente y una inteligencia amorosa.*

Es decir: el amor verdadero piensa, discierne, decide, actúa. No se deja arrastrar por la emoción: la guía, la ordena, la eleva.

4.3.3 Rezar, caminar y sostener juntos

La hermandad no se expresa solo en las emociones del retiro, sino en lo que ocurre después: en los grupos de oración, en el servicio compartido, en los encuentros semanales en las parroquias donde se reza por los demás, donde se acompaña al que cae, donde se sostiene al que flaquea, donde se celebra al que vuelve a levantarse.

Una hermandad así es testigo vivo de la Iglesia: caminar juntos, sostenerse mutuamente, escuchar al que llega cansado, abrazar al que llora, rezar por el que no puede rezar.

Es familia espiritual, Iglesia doméstica, comunidad sin fronteras.

4.3.4 La hermandad como hogar para el alma

La mayor fuerza de la hermandad de Emaús es que permite que cada persona se sienta en casa. No porque todo sea fácil, sino porque todo es verdadero.

Porque la hermandad acoge. La hermandad acompaña. La hermandad liberta. La hermandad cura. La hermandad transforma.

Y, sobre todo, la hermandad conduce a Dios, que es su origen y su meta.

En Emaús descubrimos que no estamos hechos para caminar solos. Que la fe se vive en comunidad, que la esperanza se sostiene entre muchos, y que el amor —cuando es auténtico— siempre se vuelve hermandad.

4.4
La Confianza

Creía haber sido yo quien decidió entrar en la Casa de Ejercicios Cristo Rey, aquella tarde del 08-04-2022, para caminar en el XIV Retiro de Emaús organizado por la Parroquia del Santo Cristo de la Misericordia, de Boadilla del Monte.

Pero no fui yo. Fue Cristo quien me llevó de la mano para provocar un encuentro cara a cara y, a partir de ese momento y con mi confianza puesta en Él, ser conducido hasta la noche del 27-01-2023, en la que me encontré bruscamente en el Calvario, en el sufrimiento por la inesperada llamada al Cielo de mi hijo Tomás (35 años), su esposa Inés (32 años), embarazada de Pepa (6 meses de ilusionada expectación) y su hijo Quique, mi querido nieto de 2 añitos.

En aquella noche Cristo me enseñó a abrazar la Cruz; no a rebelarme ni a resignarme, como si se tratara de algo que aplasta e inmoviliza. A abrazarla es lo que aprendimos María mi mujer, nuestros otros cinco hijos, y yo mismo, esa noche, la más dura de nuestras vidas, en la que misteriosamente el llanto se mezcló con una serenidad que solo podía proceder de lo Alto; en una confianza a través de la que Dios conducía nuestro llanto. En esa noche entendí que no fue decisión mía la de caminar.

Él quiso prepararme para abrazar una Cruz humanamente insoportable, que solo puede ser llevada con su ayuda, hasta el extremo de encontrar en ella la felicidad en el dolor.

Por eso en esa noche dura no hubo negritud, sino Esperanza; dolor, pero conformidad; desconcierto, pero apertura a la Voluntad de Dios, confianza. Y así decidimos de forma inmediata que no celebraríamos un funeral por ellos, sino misas de Acción de Gracias por el regalo que han supuesto en nuestras vidas.

En Emaús había aprendido que en mi alma no podía dar entrada al rencor, y de esta manera ni yo mismo ni nadie de mi familia albergó sentimiento negativo alguno contra el conductor que, con su imprudencia, fue el instrumento de Dios para abrir las puertas del Cielo a nuestros queridísimos Tomasines, como a ellos les gustaba —les gusta— ser conocidos.

Tras caminar en abril de 2022, algunos recientes caminantes creamos un grupo de Emaús en una parroquia de nuestra localidad, Getxo, y organizamos el primer retiro para los días 20 a 22 de enero de 2023. Mi hijo mayor Borja y yo mismo servimos en él, y en él caminó Tomás. Inés lo había hecho en noviembre anterior junto con mi mujer y una hija nuestra.

Tomás vivió el retiro con una alegría contagiosa y en un momento del mismo, casi terminando, tras unas palabras que pronuncié en mi condición de coordinador o líder, se abalanzó sobre mí dándome el abrazo más intenso y largo que he recibido en mi vida. Así, compartiendo un momento de extrema emoción, fue la despedida que Dios permitió cinco días antes de su llamada definitiva.

Y, a lo largo de tantos días de dolor y de paz, de desconcierto y de aceptación, persiste esa confianza, esa Esperanza de que se hará verdad que «costará respirar en el abrazo que nos daremos» (Hakuna: *Un segundo*), porque por la Misericordia de Dios sé que devolveré a Tomás aquel emocionado abrazo, y Él lo hará eterno.

En esa espera confiada me encuentro, sin prisas, pero sin miedo a la muerte, procurando servir en cuantas ocasiones sea llamado por el Señor, y aportar mi testimonio siempre que me sea factible, pues a mis actuales 71 años no quiero ni puedo decir «no» al Señor en ningún caso.

Siempre amparado, entre otros y muy especialmente, por mis hermanos de Emaús que, con sus oraciones y abrazos, son capaces de recomponer mi interior cuando un dolor más intenso lo rompe, devolviendo la alegría a este pobre corazón herido por la desgracia pero mantenido por la Gracia.

Pongo mi pena en manos del Señor y sé —porque lo veo—, que esa Cruz llevada a plomo no pesa y, lo que es más importante, florece en muchas almas para las que Él se sirve de nuestro dolor, que es permanente, pero que nos lleva a su intimidad y, en ella, a tocar en la Tierra algo de lo que nos espera en el Cielo, gracias a su Misericordia y a la ayuda de esas cuatro almas amadas que nos han precedido en el encuentro con la Belleza que nos aguarda.

Desde su recuerdo, que con frecuencia hace sangrar nuestros corazones, Dios nos ha regalado esa conformidad, esa confianza en Él que no nos ha abandonado.

Por eso y por todo, bendito sea Dios en tiempos de bonanza, bendito sea Dios en tiempos de dolor.

Testimonio de Carlos Aróstegui, 24-11-2025

En Emaús, tarde o temprano, todos los caminantes nos encontramos ante dos preguntas fundamentales que atraviesan la vida:

- ¿Dónde tengo puesta mi confianza?
- ¿En qué fundo mi esperanza?

La respuesta a estas preguntas puede cambiarlo todo. Porque lo humano —lo inevitable— es buscar seguridad: en una casa, en un coche, en una cuenta corriente, en el trabajo, en nuestra apariencia, en la salud… o incluso en nuestra capacidad de esfuerzo, de planificación o de autocontrol. Nos convencemos de que cuanto más controlado esté todo, más tranquilos estaremos.

Pero la realidad es bien distinta: esa búsqueda obsesiva de seguridad material suele llevarnos a una ansiedad permanente. Y el miedo aparece inevitablemente: miedo al futuro, miedo por nuestros hijos, miedo por la enfermedad, miedo a la soledad, miedo a la vejez, miedo a lo que no controlamos, miedo —sobre todo— a la muerte.

En ese miedo profundo se revela una verdad sencilla: confiamos demasiado en nuestras fuerzas y demasiado poco en Dios. Y, sin embargo, sabemos íntimamente que nuestras fuerzas no bastan y que somos frágiles.

La vida, por eso, hay que vivirla en presente, con «las luces cortas», saboreando el ahora, caminando sin prisa pero con rumbo, con la mirada puesta en el cielo y el oído pegado al corazón de Dios.

Porque confiar sin esperanza convierte la existencia en un derrotismo resignado. Y esperar sin confiar no es esperanza, sino ilusión ingenua.

La verdadera esperanza nace de sabernos amados e hijos de Dios, llamados a la santidad, y herederos de vida eterna. Esa es la meta. Ese es el camino.

4.4.1 Remar mar adentro

El papa Francisco, retomando las palabras de Cristo, nos invita a «remar mar adentro», a salir de nuestras seguridades y zonas de confort, a echar nuevamente las redes aunque la noche haya sido infructuosa.

Nos anima a dejar que Jesús suba a nuestra barca con la misma ilusión de entonces, la ilusión de la primera llamada. Y nos recuerda algo esencial:

> *No hay que tener miedo a recomenzar.*

La resignación —dice Francisco— es como un gusano que se mete en el alma y la corroe lentamente. Por eso debemos pedir al Espíritu Santo que reavive en nosotros la inquietud por el Evangelio, que nos devuelva el ardor, el impulso, la creatividad y la frescura espiritual.

Y añade una llamada preciosa: recuperar la oración de adoración. Ponernos de rodillas ante el Sagrario, volver al silencio, volver a mirarle, volver a dejar que Él nos mire.

Porque en medio de la tormenta, siempre es Jesús quien se acerca y nos dice:

> *Soy yo, no tengáis miedo.*
>
> (Mt 14,27)

4.4.2 Una Iglesia que camina y acompaña

La Iglesia —nos recuerda el Papa— es sinodal, es decir, un camino común. Nadie camina solo. Todos remamos juntos. El cristianismo no se impone: se propone. No conquista: acoge. No presiona: acompaña.

Nuestra misión no es ganar discusiones, sino llevar luz, llevar esperanza, llevar amor allá donde el corazón humano esté herido.

4.4.3 Mirar hacia dentro: ¿dónde está mi esperanza?

Te invito a que hoy mires en tu interior, sin miedo, sin máscaras:

- ¿Cómo es tu actitud frente a los sufrimientos?
- ¿Qué haces con aquello que no comprendes?
- ¿Pierdes la paz cuando tus planes no salen como esperabas?
- ¿Has sentido alguna vez —aunque fuese solo un instante— que Dios estaba cerca, sosteniéndote en medio del miedo, levantándote en mitad de la oscuridad, susurrándote «confía» cuando te faltaban fuerzas?

Porque esa es la verdadera felicidad: dejar que Dios realice sus proyectos en ti. Y para ello solo hace falta una cosa: no temer.

Dejarse amar por Dios es el acto de confianza más grande de la vida.

4.4.4 La oración que lo entrega todo

San Ignacio lo expresó con palabras que arden:

> *Toma, Señor, y recibe toda mi libertad, mi memoria, mi entendimiento y toda mi voluntad. Todo lo que tengo y poseo tú me lo diste; a ti, Señor, lo devuelvo. Dispón de ello según tu voluntad. Dame tu amor y tu gracia, que esto me basta.*

Nada expresa mejor la esencia de la confianza cristiana que Santa Teresa de Ávila:

> *Solo Dios basta.*

Y la oración al Sagrado Corazón de Jesús lo resume así:

> *En Vos confío: mi pasado a tu Misericordia, mi presente a tu Amor, mi futuro a tu Providencia.*

4.4.5 Llamados por nuestro nombre

Ninguno de nosotros es cristiano por casualidad. Hemos sido llamados. Cada uno por nuestro nombre. Cada uno amado tal y como es —no como le gustaría ser, ni como la sociedad querría moldearlo, sino como Dios le soñó desde la eternidad.

Dios te ama. Dios te llama. Y Dios ama por sorpresa, siempre de formas inesperadas, siempre en momentos que no escogemos, porque su estilo es la gratuidad, la delicadeza, y el amor que no sabe de agendas.

4.4.6 El fruto más hermoso

Después de Emaús, la confianza y la esperanza no son teorías, ni ideas, ni deseos piadosos: se vuelven carne. Se vuelven una forma de vivir.

Confiar es caminar con paz. Esperar es caminar con sentido. Confiar y esperar juntos es caminar con Dios.

Y ese es, al final, el mayor regalo del retiro: un corazón que aprende a decir, con verdad y sin temor:

> «Señor, confío en ti. Eres mi esperanza. Toma mi vida… y guíame».

5. Servir

Cuento El Mantel

Era una mañana clara en Reus, allá por los años veinte. En una casa donde el reloj del campanario marcaba el paso del día y el aire olía a pan y a ropa tendida, una señora doblaba con esmero un mantel de hilo blanco, tejido con lino de Les Garrigues y bordado a mano en las tardes tranquilas del verano. Era tan bonito que casi nunca se atrevía a usarlo: temía que se manchara, que el planchado lo estropeara o que el tiempo borrara su delicadeza. Así, el mantel pasaba los días en su baúl, esperando su momento.

Cuando su segunda hija, Carmen, se casó con un «indiano» que regresaba de América con fortuna, la madre, queriendo ofrecerle algo especial, le entregó el mantel como parte de la dote. Carmen lo recibió con gratitud, pero pronto le ocurrió lo mismo: era tan delicado, tan difícil de mantener perfecto, que prefirió guardarlo. «Ya lo usaré en una ocasión importante», pensaba. Pero los años pasaron, y la ocasión nunca llegó.

Décadas después, una de las hijas de Carmen, Nares, se casó. Eran los años sesenta, y en su ajuar de boda, entre las sábanas de lino y la vajilla heredada, apareció aquel mantel blanco. Pero los tiempos habían cambiado: las mesas se llenaban ahora de estampados coloridos, de flores imposibles, de tejidos modernos. El mantel antiguo, tan blanco, tan serio, tan del pasado, quedó relegado al fondo de un baúl.

Nares tuvo dos hijos varones. Ellos, al morir su madre, conservaron con cariño algunos de los recuerdos familiares —fotos, cartas, alguna joya—, pero el mantel... pobre mantel... acabó otra vez guardado, doblado y olvidado, como si el destino le hubiera negado el propósito para el que fue hecho. Cada generación lo conservaba pensando que quizá, algún día, alguien lo usaría.

Hasta que un día, uno de los hijos recibió un mensaje en un grupo de WhatsApp:

«¿Alguien tiene un mantel grande y bonito para cubrir el altar? Durante el próximo Retiro de Emaús estará expuesto el Santísimo y necesitamos algo digno».

El hombre miró alrededor, pensó un momento y, casi sin saber por qué, fue al baúl del fondo. Allí, entre otros muchos manteles y telas antiguas, encontró el mantel.

Quizá, al verlo, sonrió pensando: «Anda, el mantel de la tatarabuela… quién iba a decir que acabaría aquí».

Pero, aunque él no lo supiera, el Cielo sí lo sabía: aquel mantel estaba esperando su hora.

Lo desdobló con mimo; el tejido, al tocar el aire, pareció volver a respirar. Aquel hilo blanco, que había pasado de generación en generación sin hallar su lugar, iba a cubrir el altar donde reposaría el Santísimo.

Entonces, como un susurro, comprendió: aquel mantel, tantas veces guardado, no había sido creado solo para vestir una mesa de domingo o de fiesta —que también es bueno—, sino para servir al mismo Cristo. Su «vocación» era más alta de lo que parecía; estaba pensado para algo mucho más grande, para que una existencia aparentemente ordinaria se convirtiera en algo extraordinario.

Y quizá nosotros también seamos así: pasamos temporadas guardados, sin entender por qué. Pero llega el día en que el Señor nos llama y comprendemos que cada hilo, cada silencio, cada espera tenía sentido: también nosotros fuimos tejidos para servir al AMOR.

Habíamos esperado, quizá, toda una vida… para cumplir nuestro verdadero propósito.

Y, como el mantel, a veces nos sentimos guardados, olvidados o cansados, decepcionados por las pérdidas y los sueños frustrados, hasta el punto de no reconocernos.

Tal vez llegamos al retiro sin fuerzas, dudando de si somos dignos, con heridas, cansancio o desánimo.

Pero Dios no se olvida de lo que ha creado con Amor. Él sabe para qué nos tejió. Para Él somos únicos, irrepetibles, su Obra Maestra… «la niña de sus ojos».

Y aunque creamos que nuestra vida no tiene brillo o que nuestro servicio es pequeño, el Señor puede sacarnos de nuestro «baúl» y colocarnos justo donde quiere que estemos: sirviendo, sosteniendo, acompañando Su Presencia.

Ser servidor en un Retiro de Emaús no es estar en primera línea.

Es ser como el mantel: discreto, silencioso, pero esencial.

Es preparar el espacio donde Dios se hará presente para otros.

A veces ni siquiera veremos el fruto, pero seremos testigos del milagro.

En las Bodas de Caná, Jesús podría haber transformado el agua en vino sin ayuda, pero quiso contar con los sirvientes.

Les pidió que llenaran las tinajas, nada más. Ellos obedecieron sin entender nada —quizá cuchicheando quién era ese lunático—, pero lo hicieron… y ante sus ojos ocurrió el primer milagro.

Así también nosotros: el Señor nos llama a llenar las tinajas de agua, a servir sin buscar protagonismo, a confiar, aunque no comprendamos todo lo que ocurre.

Porque Él hará el milagro.

Y cuando eso suceda, comprenderemos que no había tarea pequeña, ni mantel olvidado, ni corazón inútil: todo estaba pensado desde la eternidad para servir al Amor.

Tú dispusiste todo con medida, número y peso.

(Sabiduría 11, 20)

Que cuando el Señor nos llame, encuentre en nosotros un corazón dispuesto, limpio y sencillo, como aquel mantel de hilo blanco.
¿Seremos capaces de dejarnos desplegar, como el mantel, y servir al Señor allí donde Él nos coloque?

José Benavente

5.1
Dad gratis lo que habéis recibido gratis

Tal vez mi alma esté hecha de aire, pero si mi alma fuese aire, se movería al antojo del viento, y el viento le diría dónde ir, dónde parar, qué quemaduras aliviar, qué fuegos avivar, qué pulmones llenar.

Tal vez mi alma esté hecha de agua, pero si mi alma fuese agua, se movería al antojo de la corriente y la corriente le diría dónde ir, dónde parar, qué fuegos combatir, qué heridas limpiar, qué sed aplacar.

Tal vez mi alma esté hecha de luz pero si mi alma fuese luz, el día me diría qué iluminar, qué oscuridades desvanecer, qué sombras respetar, cuándo nacer, cuándo morir, qué habitaciones llenar, qué caminos iluminar, qué ojos alimentar.

Tal vez mi alma esté hecha de voz, pero si mi alma fuese voz, se movería al antojo de las palabras, y las palabras le dirían dónde ir, dónde parar, qué cosas compartir, qué cosas guardar, qué fuerte rugir, el qué murmurar.

Tal vez mi alma esté hecha de nombres, pero si mi alma fuese un nombre, se movería solo ante la llamada de los demás, y la encerrarían en unas pocas letras

Tal vez mi alma esté hecha de amor, pero si mi alma fuese amor, se movería al antojo del corazón, y el corazón le diría dónde ir, dónde morar, qué alegrías sentir, qué penas acompañar, qué vacíos llenar, qué personas acariciar.

Pero tal vez, solo tal vez, mi alma esté hecha de Dios, y por eso a veces le puedo sentir en el cielo, en el que nace el viento; en el mar que alimenta las corrientes; en el sol, del que nace el día; en el silencio, del que necesitan las palabras; en la creación, de la que es fruto el Hombre; en la cruz en la que late su corazón, mi corazón.

Tal vez mi alma no sea mía, sino solo un regalo del que he de aprender a desprenderme para devolvérsela un día a Dios, y en Él, descansar por siempre.

5.2
Las claves del servicio

5.2.1 Escucha

Cuento de la Pared

Había una pared dura, fría, permanentemente enojada. Observaba el mundo con desdén, como quien ha decidido que nada merece ya la pena. Estaba harta de su inmovilidad, de su destino de piedra, de estar siempre en el mismo sitio, firme e impasible, cumpliendo un deber que nadie parecía agradecerle.

Cada día veía gente pasar: unos deprisa, otros despacio; algunos riendo, otros llorando. Pero nadie la miraba. Nadie se detenía. Nadie posaba la mano sobre ella. Era una pared más, una pared cualquiera. Y en su interior crecía una tristeza silenciosa que con el tiempo se había vuelto rabia.

Su cuerpo de piedra estaba lleno de cicatrices: hendiduras, golpes, marcas del paso de la intemperie. Y en el centro tenía un gran agujero que ella consideraba su mayor vergüenza. Una grieta abierta, inútil, que sentía como un recordatorio de su fragilidad.

Un día, mientras se lamentaba en silencio, un caminante que pasaba por allí se detuvo. Venía cansado y buscaba un lugar donde apoyar su cabeza. Sin pensarlo, se recostó contra la pared y apoyó su frente sobre ella.

La pared, sorprendida, sintió por primera vez en siglos el calor de un ser humano que no quería pasar de largo.

El caminante, cerrando los ojos, habló con suavidad:

—Hermana pared… ¿qué te ocurre? ¿Por qué estás triste? ¿Por qué te endureces tanto?

La pared, desconcertada, respondió con una voz áspera:

—Estoy siempre aquí, inmóvil, cumpliendo mi deber. Nadie me mira, nadie me necesita, nadie me agradece. Tengo cicatrices por todos lados… y un gran agujero en el medio. Soy fea. Soy inútil. Estoy cansada de sostener un mundo que no me ve.

El caminante sonrió con compasión y pasó suavemente su mano por las grietas.

—No es verdad lo que dices —le respondió—. Tu tristeza nace de que nunca has mirado hacia dentro. Has pasado la vida contemplando solo lo que está fuera: el polvo, la calle, las prisas de los hombres. Pero jamás te has detenido a mirar lo que guardas dentro.

—¿Mirar hacia dentro? —repitió la pared, confundida—. ¿Cómo voy a mirar hacia dentro si soy solo eso… piedra?

—Inténtalo —susurró el caminante—. Mira dentro de ti.

Y algo milagroso ocurrió.

Por primera vez en su larga existencia, la pared volvió su mirada hacia su propio interior. Y entonces lo vio.

Dentro de ella se extendía la majestad inmensa de una basílica. Ella era uno de sus muros laterales: uno de los que sostenían aquel espacio sagrado donde resonaban oraciones, donde la luz jugaba con el silencio, donde los corazones volvían a la vida.

Las cicatrices que creía defectos no eran más que una preciosísima ornamentación, un taqueado jaqués perfecto, digno de los mejores maestros canteros. Aquello que ella consideraba heridas… era belleza.

Y aquel «agujero» que tanto odiaba era, en realidad, un rosetón: un círculo de piedra delicadamente labrado, por donde entraba un haz de luz multicolor que bañaba el templo como si fuera un puente hacia el cielo.

Y en uno de los lados, justo donde ella había sentido siempre más peso, descansaba un pequeño altar, donde lo más valioso del mundo reposaba en silencio: Cristo mismo, presente, humilde, eterno.

La pared se quedó muda. Nunca imaginó que todo aquello estuviera dentro de ella.

El caminante, viendo su asombro, añadió:

—No eres una pared cualquiera. Eres sostén, eres belleza, eres luz. Eres parte del templo donde Dios habita. Tus cicatrices no te afean: te cuentan. Y ese agujero no es una falta: es tu manera de dejar pasar la luz.

Dicen que desde aquel día, la pared nunca volvió a quejarse. Y cuentan también que, a veces, cuando el sol de media tarde le da de lleno, su superficie refleja la luz con una belleza imposible, como si un espejo nuevo hubiera nacido en la vieja piedra.

Porque cuando una pared descubre quién es realmente… nunca vuelve a ser la misma.

En Emaús, todo comienza con la mirada.

Antes que la palabra, antes que el gesto, antes incluso que la oración compartida, está la mirada que acoge. Porque mirar con amor es la primera invitación al encuentro.

Hay miradas cálidas que sostienen, miradas que acompañan, miradas que consuelan sin necesidad de hablar.

Cuando un caminante cruza el umbral del retiro, llega con una mezcla de incertidumbre, cansancio, esperanza y miedo. Por eso, los servidores dejan en la calle las miradas de suficiencia, de desconfianza, de prisa o de juicio. Entran descalzos por dentro. Mirando como mira Cristo: al corazón, no a la apariencia.

La escucha nace de esa mirada. Escuchar es acoger. Escuchar es hacer sitio dentro de uno mismo para que el otro pueda entrar sin miedo. Pero para escuchar con verdadera empatía es necesario dejar a un lado nuestro yo: nuestras preocupaciones, nuestros problemas, nuestras expectativas, nuestras urgencias.

Ya no se trata de mí; se trata del caminante que tengo delante. Se trata de su historia, no de la mía. De su herida, no de la mía. De su encuentro, no del mío.

En Emaús escuchamos como si el mundo se detuviera, como si no hubiera nada más importante que ese instante único. Escuchamos sin juzgar, sin interpretar, sin querer arreglar al otro.

Escuchamos sin dar consejos, porque no somos maestros de nadie. Todo lo más, compartimos nuestras propias vulnerabilidades: nuestras heridas, nuestros tropiezos, nuestros miedos… ese terreno sagrado donde Dios salió a nuestro encuentro y nos levantó.

Pero incluso al compartir, lo hacemos con humildad: porque sabemos que el servidor es solo un canal, nunca la meta. Los caminantes no vienen a hablar con nosotros, sino a encontrarse con Dios. Nosotros solo preparamos el terreno, limpiamos el sendero, quitamos las piedras interiores para que Él pueda pasar.

Por eso, mientras escuchamos, interiorizamos lo que oímos y lo colocamos en el corazón de Cristo, que es el único capaz de sanar. Al escuchar, no retenemos nada para nosotros: lo ofrecemos. Lo entregamos. Lo ponemos a los pies del Señor en esa capilla donde tantas horas se intercede por cada nombre.

A veces, la escucha llega a un punto donde ya no puede avanzarse con palabras. Donde ninguna frase es suficiente, donde cualquier explicación sobra, donde el alma ya no busca respuestas, sino consuelo. Y entonces llega el lenguaje más antiguo, más humano y más divino: el abrazo.

Un abrazo que lo dice todo: «Estoy contigo». «No estás solo». «Tu historia tiene un lugar». «Tu dolor es escuchado». «Dios ya está aquí».

El abrazo no es un cierre, es un puente. Es la expresión encarnada de la escucha. Es la ternura de Cristo entregada a través de dos brazos humanos. Y es, para muchos caminantes, el primer momento en el que sienten que pueden volver a confiar.

Porque en Emaús, la escucha no es una técnica. Es un acto de amor. Es un acto de fe. Es un acto de presencia. Y es también el comienzo de la sanación.

5.2.2 Oración

Cuento de la Mariposa

Cuentan que en un pequeño jardín escondido junto a una iglesia vivía una mariposa blanca, tan ligera que parecía hecha de aire.

A simple vista nadie habría imaginado que aquel ser tan frágil llevaba en sí una misión silenciosa, tan discreta como sagrada: velar con su vuelo las oraciones de quienes se preparaban para un Retiro de Emaús.

Desde semanas antes del retiro, mientras el mundo seguía su ritmo de prisas, la mariposa revoloteaba entre las flores sin descanso.

No lo hacía por capricho: cada vez que el servidor rezaba, ella se posaba suavemente sobre un pétalo, inclinaba sus alas como si fueran manos juntas, y dejaba que el viento llevara al cielo aquella plegaria. Era su modo de acompañar. Un modo invisible, continuo, delicado.

La mariposa jamás dudaba ni se distraía. Al alba, cuando la primera luz tocaba el jardín, ella ya estaba despierta. Y al anochecer, cuando las servidoras terminaban su día cansadas, ella seguía allí, suspendida en el aire, como una pequeña lámpara viva. Porque —decía la leyenda del lugar— una oración nunca se apaga si alguien bate sus alas para mantenerla en vuelo.

Cuando por fin llegaban los días del retiro, la mariposa seguía a las servidoras sin que ellas la vieran.

Se posaba en los hombros de quienes daban abrazos, en las manos de quienes recogían sillas, en los pies cansados de quienes subían y bajaban escaleras mil veces. Y sobre todo, permanecía muy cerca de la capilla, revoloteando alrededor del Santísimo como si quisiera recordarles algo:

«No estáis solos. Vuestro servicio nace aquí. Seguid rezando. Seguid volando».

A veces, cuando una servidora se sentía pequeña, torpe o inútil, la mariposa rozaba su mejilla con la suavidad de un soplo.

Era su manera de decirle:

«Dios está haciendo el trabajo. Tú solo déjate llevar».

Otras veces, cuando una caminante lloraba en silencio, la mariposa se posaba cerca de ella y permanecía quieta, tan quieta que parecía que ella misma estaba rezando también. Era un recordatorio silencioso de que cada lágrima era recogida por el cielo.

Dicen que, cuando el retiro terminaba y las caminantes se despedían en la apoteósica misa de cierre, la mariposa alzaba su vuelo más alto y más hermoso del año.

Se elevaba tanto, que parecía querer llegar hasta la luz que atravesaba las vidrieras, como si ofreciera al Señor todas las oraciones del retiro entre el batir luminoso de sus alas.

Algunas servidoras afirmaban haberla visto entonces, por un instante, brillar como oro en el aire. Otras decían que nunca la habían visto, pero que a veces, en momentos de cansancio o de emoción, habían sentido algo muy parecido a un ala rozándoles el alma.

Sea como sea, la enseñanza era siempre la misma:

Una servidora que ora es como una mariposa: ligera, perseverante, silenciosa, capaz de mover cielo y tierra simplemente batiendo sus alas.

El Retiro de Emaús es, antes que nada, un retiro.

Hay escucha, hay silencio, hay reflexión, hay dinámicas... pero, por encima de todo, hay oración. Una oración que lo envuelve todo, que lo sostiene todo y que, en realidad, lo hace todo.

Si en otros retiros la oración es un elemento central, en Emaús es algo más: es el corazón, el centro neurálgico desde el que todo parte y al que todo regresa. Ese corazón es la capilla, donde el Santísimo permanece expuesto las 24 horas, sin interrupción, y nunca, jamás, está solo.

Servidores y voluntarios —los llamados «angelitos»— renuncian a horas de sueño, a comodidades y al descanso para velar ante el Señor, presentando allí cada nombre, cada lágrima, cada historia, cada herida, cada esperanza.

Entrar en la capilla durante el retiro es entrar en un lugar donde el tiempo cambia de ritmo y el alma respira de otro modo. Allí, en la penumbra suave y el silencio cálido, se da la batalla espiritual más importante del retiro: la de los servidores que imploran, confían, alaban y agradecen en nombre de los caminantes.

Porque nada de lo que se hace en Emaús es independiente de la oración.

Todo servicio —poner una silla, recoger un vaso, preparar una dinámica, encender una vela, ofrecer un abrazo— tiene lugar en un clima de oración viva, donde cada gesto está empapado de la presencia de Dios.

La oración en Emaús no es solo recogimiento: es adoración, porque reconocemos que Él es el centro; es contemplación, porque escuchamos más de lo que hablamos; es súplica, porque sabemos que solos no podemos; es acción, porque se reza también trabajando, poniendo a Dios en el centro de cada tarea.

Sin mí no podéis hacer nada.

(Jn 15, 5)

Todo servidor que ha vivido Emaús lo sabe: no son nuestras obras, ni nuestras fuerzas, ni nuestra habilidad los que transforman un retiro. Es el Espíritu Santo, que intercede, que actúa, que toca y mueve corazones. Nosotros solo preparamos el terreno: Él hace el milagro.

Por eso, meses antes del retiro, los servidores ya están rezando por los caminantes. Por todos y cada uno. Por sus heridas, por sus nombres, por sus luchas, por su encuentro futuro con Cristo. Muchos servidores, sin conocer aún a quienes caminarán, ya los aman desde la oración. Y ese amor, silencioso y perseverante, derrama una gracia especial que solo se comprende cuando se vive.

Orad unos por otros.

(Sant 5, 16)

La hermandad entre servidores está anclada en esa oración compartida. No es solo amistad, no es solo afecto humano: es comunión espiritual. Es sostenerse unos a otros cuando las fuerzas fallan, cuando llega el cansancio, cuando la emoción se desborda o la duda golpea. La oración conjunta es el hilo invisible que teje la unidad del equipo.

Sin oración, el servicio se convierte en activismo. Un activismo que puede parecer eficaz, pero que es pura autorrealización, un «hacer» sin profundidad, sin raíces, sin fruto. Solo cuando la oración abre la puerta a la acción de Dios, los gestos se vuelven sacramento, los abrazos se vuelven medicina, y el retiro se convierte en un camino de encuentro y transformación real.

El Retiro de Emaús es un milagro. Un milagro silencioso, humilde, escondido en lo cotidiano. Y solo se entiende —solo se explica, solo se sostiene— desde la oración.

Porque Emaús nace de la oración, vive de la oración y vuelve siempre a la oración. Allí, en ese diálogo amoroso con el Señor, es donde se decide la historia de cada caminante, y donde cada servidor descubre que nunca está solo, porque camina acompañado… por sus hermanos y por Dios.

5.2.3 Humildad

Ayer una persona me comentaba esta frase de Pablo VI que decía que «El mundo no necesita maestros. Necesita testigos».

Cada día me encuentro con gente supuestamente «grande» y «sabía» que dice saber de unas cosas y otras. Se les llena la boca en programas, congresos, canales, redes sociales... Y hablan y hablan queriendo «ser» más que los demás, «estar» por encima de los demás, y «tener» más razón que los demás. Pero ¿dónde quedo yo en su ser, estar y tener?

Sin encontrarme en lo que dicen, yo ¿qué hago? Tras muchas decepciones, palabrería... dejo de escucharles, de seguirles. Pero siempre surgen otros, y luego otros...

«A quién vamos a seguir, Señor. Solo tú tienes palabras de vida eterna».

Solo tú, Señor. Solo tú.

Si no abandono lo que sé del mundo, si hablo de lo que yo pienso, lo que creo entender, lo que quiero decir, lo que yo quiero hacer... entonces en mí no habrá lugar para «escuchar» y transmitir a otros esas palabras de vida eterna.

Humildad, humus, tierra. Ser tierra fértil y libre en la que pueda crecer la vida que Dios quiera poner en ella.

Sería precioso llegar así a todos nuestros retiros. Siendo maestros de nada. Vacíos de nosotros y de ruido. Llenos solo de lo que el Señor quiera traer a nuestro corazón para que ilumine lo que vivimos y lo que somos. Y así hacernos testigos.

Ojalá Dios quiera hablarnos porque sepamos callar y mirarle. Ojalá sepamos hablar a todos los caminantes de este Dios que tiene palabras de vida eterna. Ojalá también sepamos hablar a todos de Él sin usar palabras. A través de nuestros gestos, nuestra acogida, nuestros abrazos, nuestra mirada,nuestra sonrisa, y que todo ello dé testimonio de cómo Dios nos ha acogido a nosotros, nos ha abrazado, nos ha mirado, nos ha sonreído y ha llenado nuestro corazón vaciado de falsos maestros y atento a quien es camino, verdad y vida eterna.

Dios nos haga testigos suyos siguiendo a Jesús en este y todos los tiempos y lugares.

Dios nos bendiga siempre borrando nuestras maestrías y haciéndonos solo humildes testigos de su amor.

5.2.4 Poner por delante al otro

Hoy me he levantado queriendo cambiar.

No quiero ser la rosa que se hace bella y hace que el lugar en que crece se hace bello. Porque eso es lo que he intentado hasta ahora y solo veo una habitación con una bonita rosa en medio, pero que se está quedando vacía.

Hoy me he levantado sin ánimo de ser mejor, sin querer limar mis defectos, para hacerme más bueno, más limpio.

No, hoy no quiero ser más ese.

Hoy me he levantado con el propósito de cambiar mi forma de ser y pensar.

Dejar de vivir para ser más bueno y más santo.

Hoy me he levantado con el propósito de hacer buenos y santos a los que alcanzo con mi mano y con mi voz.

Sé que quien te atrapa no es quien es bueno, sino quien te hace bueno. Porque ¿quién querría estar todos los días junto a alguien perfecto que es más importante que tú pero no te hace mejor? Nadie.

Hoy me he levantado con el propósito de no ser nada porque nada soy. De no ser bueno porque no puedo. De no ser santo porque me pierdo en el camino.

Hoy me he levantado con el propósito de pensar más en mi mujer, en mis hijos, en mis padres, en mis hermanos, en los que toco cada día. Para ayudarles en todo lo que pueda, en lo pequeño y en lo grande. Pero no ayudar de forma desordenada o loca e irreflexiva. No, así no.

Ayudarles siguiendo mi corazón, un corazón que Dios también ha hecho bueno y sabio pero que no quiere que sea bonito, sino que se gaste y desgaste amando. Un corazón que a veces dice sí, a veces dice no, a veces calla, pero siempre lo hace amando.

Hoy quiero empezar a construir un camino que no empieza en mí; quiero romper las paredes de espejo de la habitación en la que estoy y que no me deja ver a los que están al otro lado de mis muros que solo me devuelven la mirada hacia mí.

Empezaré con algo sencillo. Al amanecer daré gracias por ellos antes de leer el Evangelio del día.

En el Ángelus pediré a María que les cuide y que me enseñe qué necesitan y lo que yo puedo hacer por ellos, antes de contestar un amén.

Al bendecir la comida compartiré con ellos mi pan para que ellos compartan el suyo.

Al caer el día me admiraré de ellos como la más bella creación que son y yo seré su mejor y más sencillo testigo. Con cada eucaristía viviré el perdón y el encuentro de una familia con Cristo, que quiere ir junta a buscarle y pedir su alimento.

Con cada noche rezaré mis debilidades no hacia mí, sino las que he mostrado con ellos.

Hoy me he levantado con el propósito de andar el camino que haga buenos y santos a los míos. Porque así llegaré a otros con lo que en ellos cultive. Y tal vez ellos quieran subirme al cielo si consigo que lleguen allí.

Porque yo no quiero ir al cielo solo.

Ojalá sepa desaparecer y aparecer para los demás.

5.2.5 Obediencia

La obediencia es una palabra dura que el mundo parece querer arrebatarnos, pero entrar en su significado nos devuelve matices de la palabra importantes en el desarrollo del retiro.

Originalmente la palabra «obedecer» significaba «saber escuchar» queriendo expresar el captar con atención y con discernimiento lo que uno oía.

Organizar un Retiro de Emaús lleva meses de trabajo y de oración intensa. Nada en él se improvisa, nada se hace a medias, nada depende solo del esfuerzo humano. Desde el principio, el proceso nace de la Iglesia: Emaús no es una democracia, sino un acto de discernimiento.

Es el párroco —en oración, buscando la voluntad de Dios y confiando en la gracia del Espíritu Santo— quien elige al líder que deberá organizar el siguiente retiro.

A ellos se les encomienda la misión y la carga. Son responsables ante Dios, ante la comunidad y ante los caminantes.

Pero esta autoridad no es dominio, sino *autoritas* en sentido cristiano: prestigio espiritual, servicio profundo, responsabilidad confiada.

Los servidores que voluntariamente se apuntan —ya sea en su propia parroquia, en otra de la diócesis, en otro punto de España o incluso en el extranjero— se entregan y se someten alegremente a esa autoridad.

Lo hacen con libertad, con gratitud (contribuyen económicamente igual que los caminantes para hacerlo posible) y con una disposición interior que solo entiende quien ha experimentado el amor de Emaús.

Y, sin embargo, Emaús tampoco es una dictadura. Los líderes escuchan. Piden consejo. Se dejan corregir con gozo. Agradecen las amonestaciones fraternas y la sabiduría ajena. Es una obediencia en comunidad, donde todos caminan en la misma dirección, donde nadie se impone, donde nadie busca protagonismo. Una obediencia alegre, humilde, consciente de que somos indignos y torpes instrumentos en las manos de Dios.

> *La obediencia no es la sumisión de la voluntad, sino la libertad del corazón que se abre a Dios.*
>
> Benedicto XVI

En el servicio no cabe el individualismo ni la autocomplacencia. Quien sirve sabe que todo lo que sale bien es gracia y todo lo que sale mal es, casi siempre, nuestra debilidad, nuestro descuido, o nuestra falta de docilidad.

Un retiro es un puzle de innumerables piezas: cada charla, cada canción, cada gesto, cada abrazo, cada silencio debe encajar con una precisión que solo puede venir del cielo.

Nada se basa en la eficacia humana: los servidores solo obedecen y se dejan hacer. Su misión es quitarse de en medio, molestar lo menos posible, ser cauces limpios, transparentes, silenciosos, para que Dios actúe.

La obediencia de Emaús no se impone. No amarga. No humilla. No aplasta. Es una obediencia alegre, confiada, compartida, que nace de la certeza de que Dios lleva el timón y nosotros solo remamos.

Quienes sirven en un Retiro de Emaús comprenden que obedecer así es una forma de libertad: la libertad de renunciar a nuestro ego para dejar actuar al Espíritu.

El que entre vosotros quiera ser grande, sea vuestro servidor.

(Mt 20, 26)

Esta obediencia se alimenta de la oración y nace de la contemplación. Se nutre de la humildad y se consagra en la confianza.

Es delante del Santísimo —siempre expuesto durante el retiro— donde brotan todas las gracias, donde se afinan las decisiones, donde se reparan los corazones cansados y donde se desprenden las soberbias escondidas.

Allí, frente a Cristo, la obediencia se vuelve natural: uno comprende que Él es el centro, que Él es el dueño, que Él es quien obra.

Señor, ¿qué quieres que haga?

(Hch 9, 6)

Esta es la verdadera obediencia de Emaús: no la que nace del miedo, sino la que nace del amor; no la que se resigna, sino la que se entrega; no la que obliga, sino la que libera. Una obediencia que, al final, solo puede describirse con una palabra: gracia.

5.2.6 Alegría

Entrar en el retiro es entrar en otra dimensión: hay mujeres atareadas, pero todas llevan alas en los pies y una sonrisa que irradia la alegría de estar haciendo lo que están haciendo por lo que les haga hacerlo. Cuando sus miradas se cruzan con la mía, no saltan a lo siguiente, como la de quien tiene prisa, sino que la otra mirada se detiene en la mía, se ensancha aún más la sonrisa, me dan los buenos días, o las buenas tardes, o un qué tal feliz de verme. Me es evidente que me bastaría alzar las cejas para que todo lo que las lleva perdiera importancia para atenderme, esté yo donde debiera estar o ande yo distraída o sola. Esa disponibilidad alegre, feliz de verme, deseosa de agradarme es el primer encuentro irresistible.

La segunda sorpresa es la seguridad: nadie me pregunta nada, nadie juzga, nadie opina. Solo hay sonrisas, afecto, caricias; nunca preguntas, nunca consejos. Se nos regala la fragilidad de otras y se ve que esa fragilidad es el modo de descubrir esa red inaudita en la que caer: el amor que te acoge seas quien seas, seas como seas, y que solo puede descubrirse cuando uno no se tiene mérito ninguno con el cual ganárselo.

La tercera sorpresa es la escucha. Estoy atendida en todo, cuidada en todo, y entonces me preguntan: «¿Qué más quieres?», ya no tengo escudos. Solo puedo pedir lo que está en el fondo de mi corazón, ese sitio al que resulta tan difícil llegar de costumbre, porque la vida diaria está llena de distracciones que aquí no existen. Y de repente me encuentro llorando, no porque sea doloroso necesariamente, sino porque resulta muy íntimo pedir, porque es entregar una debilidad y asombra que se acoja con tanto cariño, y que te entreguen otras debilidades a cambio...

Todo esto hace que pueda relajarme, dejar de defenderme y escuchar a mi vez eso que está detrás de todo y da sentido a todo esto que ocurre: un mensaje de amor deseoso del mío, un mensaje de que todo está bien, de que los errores no definen la historia pero sí ese amor por mí, con lo que soy, específicamente yo, como algo irremplazable y precioso, que se merece tanto como que todo un Dios esté ahí, mirándome también, escuchándome también, acogiéndome también, como a la oveja perdida, muy contento.

Lo más impresionante, lo irresistible, lo maravilloso, lo que no parecía posible, lo que hace que salga con el corazón en llamas a contarlo porque hace falta, porque es necesario, porque es lo único que nos salva, es la alegría. Es como una luz que se ha encendido y por la que solo puedo dar gracias y rezar para poder enseñarla y poder mantenerla así en mi corazón.

(Testimonio Sylvia Diez Montenegro 24-11-2025)

Hay una frase que debería acompañar siempre al discípulo: «Un cristiano triste es un triste cristiano».

Y no porque la vida no traiga dolor, sino porque cuando uno ha sido tocado por el amor de Dios, ese amor se convierte en un manantial de alegría humilde, contenida, profunda... una alegría que no depende de lo que ocurre fuera, sino de lo que ha nacido dentro.

Pocas cosas hay más contagiosas que la alegría. Una carcajada puede animar un momento, sí; pero la alegría verdadera transforma vidas. La risa es un estallido; la alegría, una presencia. La juerga pasa; la alegría permanece. La risa distrae; la alegría sostiene.

La caridad, que es la expresión suprema del amor cristiano, lleva siempre consigo la marca de la alegría. Cuando la caridad no nace de la alegría, sino del cálculo, del deber o del interés, deja de ser caridad para convertirse en autoafirmación. La alegría en el amor es signo de autenticidad: quien ama sin alegría no está amando, se está utilizando a sí mismo.

En los primeros siglos, los paganos reconocían a los cristianos por una señal inconfundible: «Mirad cómo se aman». No era un amor sentimental, sino una alegría compartida incluso en tiempos de persecución.

Una alegría que nacía de saber que lo poco que tenían, lo poco que eran, lo vivían y lo daban juntos.

Así ocurre también en Emaús. Servir en un retiro es, para cualquier servidor, una fuente de alegría casi inexplicable. Da igual cuál sea la tarea. No hay tarea pequeña. No hay tarea secundaria. Todas son necesarias y todas apuntan a lo mismo: ayudar al caminante a encontrarse con Cristo. Y cuando un servidor comprende esto, la alegría le desborda. No porque salga todo perfecto, sino porque sabe para quién lo hace.

El rasgo más distintivo de los servidores de Emaús son los abrazos. Abrazos llenos de alegría, de gratitud, de misericordia. Abrazos que no invaden: que sostienen. Abrazos que no exigen: que acogen. Abrazos que no imponen: que comprenden. En ellos se condensa la alegría del servicio, esa alegría que es pura energía espiritual que calienta el ambiente y arropa a los caminantes.

No importa si lo que uno hace está «bien» o «perfectamente ejecutado». En Emaús nadie premia la eficacia. Dios mira el espíritu con el que se sirve. Y cuando el servicio nace de un corazón alegre, aunque torpe, aunque imperfecto, aunque cansado… ese servicio se convierte en gracia para todos.

La alegría de Emaús se palpa incluso en el silencio de la adoración. Frente al Santísimo, los servidores tienen el rostro sereno, los ojos brillantes, el alma en paz. No es una alegría ruidosa: es una alegría que sabe arrodillarse.

Y en la misa de cierre, la alegría se vuelve casi apoteosis. Es imposible describir ese momento: las lágrimas, las sonrisas, los abrazos, la música, los caminantes abrazando a sus familias… Todo parece converger en una sola verdad:

> Dios ha pasado por aquí. Dios ha encendido algo. Dios ha devuelto la alegría.

Una sonrisa sincera es a menudo el catalizador de un espíritu nuevo. En Emaús, las sonrisas son semillas de fe, antorchas de esperanza, testimonios silenciosos de amor.

Por eso, quien sirve en Emaús no solo trabaja: se alegra. Porque servir es amar. Y amar, cuando viene de Dios, siempre —siempre— termina en alegría.

5.2.7 Leer el corazón

A veces mi servicio da lugar a afectos y desafectos dentro de mí.

Afecto a los que hacen lo que espero, afecto a las cosas que hago bien, afecto al reconocimiento, afecto a mi tarea, afecto a mis tiempos, afecto a mis planes...

Desafectos a los que no son como yo, los que me rebaten, desafecto a lo que otros hacen mal, al desorden que otros me imponen, los cambios que no esperaba, la indiferencia que no necesitaba...

Afectos, desafectos...

Mirarme el corazón para conocer y leer estos afectos es una clave preciosa en mi servicio, pues me ayudan a entender dónde falla. Por qué ese servicio no dará por fruto una paz verdadera si no procede antes de un amor verdadero.

Reservar, guardar y llevar los éxitos de mi servicio a Dios, me acercará a Él, porque mi ego poco a poco se hará cada vez más pequeño y Dios en mí más grande.

Recrearme y mostrar mis frutos al mundo hará fuerte mi Yo, y mi vanidad y egoísmo crecerán.

Fruto de algo bueno, por una amor errado, puesto en las cosas y en los frutos y no en Dios, me lleva a una paz del mundo, lejos de la que Dios me quiere regalar con cada servicio.

Más fácil de entender y reconocer es aquello que me saca de quicio, que me desespera, que me humilla... Todo eso está en cada servicio, y siempre viene de los demás, que no entienden, que no se preocupan, que no saben servir, que no saben escuchar, que no son humildes, que no saben obedecer...

Necio de mí.

Cada cosa que me revuelve es un motivo de gracia que Dios me da para ver algo que en mí no funciona... Mi falta de generosidad, mi falta de confianza, mi soberbia, mi falta de paciencia, mi falta de amor, mi amor pobre, mi propia falta de humildad...

Con cada servicio el Señor abre una ventana nueva a mi alma con la que hace entrar más luz a ella y poder reconocer el polvo y la suciedad que guardo en mí, y con cada nueva luz me da la oportunidad de tener más limpia mi morada para que Él pueda ocupar la mesa en la que se sentarán los caminantes, y servirles como yo no soy capaz.

Yo no puedo servir como Dios quisiera. Solo puedo tratar de hacer que mi alma cada vez esté más limpia.

Tal vez un día pueda navegar los mares que navegó Jesús y a los que nos invitaba a remar más adentro para encontrarnos con Él, conocernos en Él, con Él y por Él y, como Él, SERVIR.

El origen de mi Paz, es el servicio. El origen de mi servicio es el amor. El origen de mi amor es mi fe. El origen de mi fe es la oración. Y el origen de mi oración es mi silencio.

Si mi paz no es verdadera, sé que he de volver a mi silencio, donde moran mis afectos y desafectos, para encontrarme con ellos y, desde ellos, hacer crecer mi oración y mi fe para amar más y mejor y, así, servir como Dios quiere.

5.3
Ser testimonio

Este verano mis hijas mayores, de 19 y 18 años, han estado trabajando en una heladería en un pueblecito de Valencia. Su primer trabajo. 6 días por semana, de 6 de la tarde a 1 de la madrugada, han lidiado con gente agradable y arisca y, cada una, consigo misma. Su día de descanso no coincidía, así que no pudimos cenar toda la familia juntos, pero Dios ha querido que se llenasen las noches de ratitos de acogida y complicidad.

La experiencia de este mes les ha ayudado a conocerse un poco mejor y crecer en su relación con el mundo, pero sobre todo a entender y valorar el trabajo que hacen tantas personas a las que el servicio hace insignificantes y casi invisibles por la sombra de una barra o de una bandeja.

Hace unos días nos sentamos juntos a desayunar en la terraza tranquila de una cafetería atendida por una chica joven que nos ha servido de forma sencilla y amable.

Al terminar, mis hijas han apilado platos, tazas y cubiertos, se los han acercado a la barra y se han despedido de la camarera con una sonrisa.

A veces uno aprende de otros porque son testigos de algo. Y entonces confías.

A veces uno aprende de sí mismo, al vivir experiencias en primera persona que luego ve dibujadas en las vidas de otras personas que se cruzan contigo. Y entonces creces.

Entonces, ante personas sencillas y amables que el Señor pone en tu camino, el mundo se calla y deja brotar de forma silenciosa y sorprendente lo mejor de ti mismo.

Veo ahora que a veces lo que vivimos, especialmente las cosas difíciles y exigentes que hacemos poniendo en ellas nuestro trabajo y cariño, nos deja mirarnos con ojos nuevos y descubrir cosas preciosas de nosotros mismos, y sin darnos cuenta nos convertirnos en nuestro mejor maestro.

Hoy miro nuestros retiros y veo cuántas cosas vivimos en ellos, y aunque allí nos encontramos con muchos maestros, nos encontramos y sorprendemos también con nuestro trabajo y cariño puesto en lo fácil y en lo difícil, y todo eso se queda en nosotros para tocar el mundo cuando el retiro acaba.

Cuántas veces en casa, en el trabajo, con amigos, con desconocidos, nos fijamos en lo que un día fuimos en el retiro para ser nuestro propio ejemplo, que se forja en Emaús, pero para llegar ahora al mundo.

Qué precioso poder llenar el mundo de las cosas que sabemos hacer porque me he visto haciéndolas en Emaús para llevar el cariño de Cristo a caminantes, a servidores, a mis silencios más profundos y a mis servicios más escondidos.

Qué precioso si todos nos reconocieran hijos de Cristo más allá de Emaús porque me he visto a mí mismo hijo de Cristo en cada reunión y cada retiro.

Dicen que el mundo no necesita maestros, sino testigos.

Tal vez a veces deberíamos reconocernos a nosotros mismos como el mejor testigo en el que fijarnos, entendiendo que lo que vivimos y hacemos en Emaús es lo mismo que nuestro prójimo y el mundo espera de nosotros.

Pero seguir a Cristo aún nos deja retos mayores, porque ¿qué hubiese pasado si aquella camarera que nos atendió en aquella terraza se hubiese mostrado arisca? ¿Seríamos capaces de apilar los platos, los cubiertos y las tazas y llevárselos a la barra, y tratarla con cariño y despedirnos con una sonrisa?

Cristo lo hizo.

Allá donde no llegue todavía mi propio ejemplo dejemos que Cristo lo sea para que, sin darnos cuenta, poco a poco, nuestro corazón se parezca más al suyo.

Tal vez cada retiro, cada heladería en la que trabajamos, cada terraza que visitamos, cada casa que habitamos, cada prójimo que conocemos, sean ventanas que miran al cielo y que Dios pone en la Tierra para aprender a amar más y mejor.

Y tal vez, cuando nos asomamos por ellas buscando un cielo más grande y más alto, Dios nos ve y sonríe.

Tal vez sea así.

A Cristo le llamamos maestro. Y, sin embargo, nos alzamos por encima de Él. Nuestros gestos, nuestra vida, nuestras obras hablan más de nosotros que de Dios. Pero a veces, cuando creemos que todo es nuestro y que nos bastan nuestras propias fuerzas para vencer al mundo, el mundo nos lleva al desierto.

Allí seguimos peleando con nuestras propias fuerzas para sobrevivir y para salir de ahí. Y un día descubrimos que Dios nos ha puesto allí para volver a enamorarnos. Para que recuperemos su amor; el amor primero. Y entonces, cuando vivimos su amor, somos testigos.

El mundo no necesita maestros, no necesita nuestra soberbia, nuestro conocimiento. Necesita testigos del amor de Dios. Pero Dios nos da libertad para no solo ser testigos, sino ser testimonio.

El Señor nos dice una y otra vez que «No se enciende una lámpara para ponerla bajo el celemín». Somos luz y sal por nosotros mismos, pero ¿de qué sirve si otros no pueden ver nuestro brillo, si nuestras vidas no dan sentido a las suyas?

El servicio nos ofrece la posibilidad de borrar nuestras maestrías, hacernos pequeños y ser testigos que dan testimonio con nuestros gestos, con nuestro servicio y con nuestras palabras.

Todos tenemos la oportunidad de traer al presente algún momento en el que fuimos testigos, y de convertirlo hoy en testimonio para otros. Siento que el Señor me ha llevado a algún «desierto» por el que era necesario pasar para encontrarme con Él.

Recuerdo cómo llegué a ese desierto y cómo intenté salir de él por mis propias fuerzas. Reconozco el daño que hice a los demás o a mí mismo. Identifico aquello que me hizo levantarme. Revivo cómo me encontré con el Señor y cómo me abrazó. Contemplo cómo ha cambiado mi vida para mí, para mi familia y para mi prójimo.

Los siguientes puntos recogen algunas notas, entre otras muchas que se podrían hacer, que compartimos con la confianza de que puedan servir para transformar en testimonio esos pedazos de nuestra historia en los que Dios ha actuado:

- Dar testimonio. El desierto en el que Jesús me volvió a enamorar

Construir desde el amor de Dios.

Un testimonio es una historia que muestra la acción de Dios en tu vida. Busca un hecho en el que puedas decir «En este momento de mi vida Dios estuvo grande conmigo y estoy alegre». Esa es tu historia de amor, en la que Él te llevó al desierto para volverte a enamorar y volver a ser tu amor primero. Pero cuídate de entender que no todo lo que calma tu sed viene de Dios. No conviertas cualquier cosa en testimonio. Solo cuando el agua que calma tu sed viene de Cristo puede brotar un testimonio para la vida eterna.

- Ten paciencia. Deja a Dios ser Dios

Deja que tus heridas se conviertan en cicatrices.

Dios tiene un plan, pero sus tiempos no son los tuyos. No tengas prisa. Si tienes una herida, llévala al Señor y deja que Él la cure. Tal vez una herida abierta es solo una historia inacabada en la que, si le dejas, Dios seguirá escribiendo en ti. No tengas prisa, ni quieras dar TU TESTIMONIO. Deja que se convierta en el TESTIMONIO DE DIOS A TRAVÉS DE TI. Deja en el Señor tu confianza y tu tiempo para que termine su mensaje de amor en ti. Él pintará de oro tus cicatrices, que son las que hablan de tu historia, y te hacen único.

- Señala al Señor. Escóndete

No necesitamos maestros. Necesitamos testigos.

El testimonio ha de señalar a Dios. Si después de tu testimonio, tú ganas un seguidor o un admirador, Dios habrá perdido un amigo. Juan Bautista señaló a Jesús. Aquellos que le seguían se volvieron, confiaron en Juan y se fueron detrás de Jesús. Estamos llamados a hacer seguidores de Cristo y, al hacerlo, nos hacemos hermanos de ellos. No señales a Cristo mostrando tu grandeza porque los que te escuchan se quedarán mirando tu dedo. Señálale y agáchate para que todos puedan reconocerle, ver su rostro y su corazón y quieran ir detrás de Él.

- ¿Quién eres? Muéstrame tu camino al desierto

Dios actúa en tu realidad.
Hay detalles de tu vida, de tus relaciones, de tu pasado que son importantes para entender la historia de amor que Dios ha construido en ti. Dios actúa en lo que eres. Él conoce aquello que te pasó, lo que era importante para ti, cómo te sentías. Abre ese desierto para que los demás entiendan tus sentimientos. Desnuda la historia de tu corazón, no la historia de tu vida. Si me hablas de ti en el mundo, me posaré en tu humanidad. Si me hablas de tu corazón y sus batallas de amor, podré ver mi corazón en el tuyo.

- Háblale a Dios de ti. Conócete en Él

Amigo es quien custodia tu fragilidad.

Un testimonio es poner en palabras lo que fuiste y lo que eres. Dios ya lo sabe. A Él no le descubrimos nada nuevo, pero al ponerlo en palabras le descubrimos a Él en nosotros. Un testimonio es una oración de agradecimiento. El agradecimiento sincero se construye cuando entendemos que, en nuestra pobreza y debilidad, el otro nos ama y, al hacerlo, nos restaura. Un amigo es quien custodia tu fragilidad. Dios ya la tiene. Pero tú necesitas conocerte para amar a Dios. Deja que tu corazón se exprese hacia Él, no hacia el mundo. Empieza tu testimonio diciendo, «Señor Jesús...». Y termínalo dejando que Dios coja ese folio en blanco y te diga «Querido (tu nombre)…». Haz de tu testimonio un diálogo con Dios; que muestre tu corazón y el suyo encontrándose.

- Déjale a Dios hablar. Dios actúa en los humildes

Aprende a poner tu seguridad en el Señor.

Si todo está escrito, ¿qué espacio dejas para que Dios cuente lo que quiere decir a los demás en ese momento? Es tu propia historia, ¿irías a ver a un amigo con un guion cerrado? Si has de escribirlo, deja espacios para que puedas contar en voz alta emociones y recuerdos; para que las emociones se pinten de matices del corazón que eres en ese momento y no solo de palabras que dibujó tu corazón en otro momento que no es este. Dejar espacio para lo que el Señor quiera contar en cosas concretas irá haciendo que nuestra confianza en Él crezca. Y tal vez un día unas pocas notas bastarán para contar nuestro testimonio dejando en sus manos lo que quiera el Señor que, con cada pequeña nota escrita, pueda florecer del corazón. Hazte pequeño. Aprende a confiar. Deja que tu corazón le muestre. Deja que el Señor hable.

- Deja a Dios seguir pintando tu vida. Déjate sorprender

Belleza siempre antigua y siempre nueva

Tu testimonio nos muestra la acción de Dios en ti. Cómo se coló en tu historia y cómo, para hacerlo, necesitó hechos y personas del mundo, para que un día mirases al cielo o al barro y allí, le encontraras a Él. Pero Dios sigue añadiendo nuevos trazos a esa historia de amor. Es un cuadro que ya tiene forma pero que Dios se empeña en hacerlo más bello con nuevos trazos que son los que trae cada momento. A veces incluso pinta nuevos cuadros que toman aquello que fuiste antes. Deja a Dios pintar tu vida, y haz que tu historia ya cerrada sea también siempre una historia abierta.

- Ser testimonio. Sé luz que no se apaga

El hombre nuevo que vive en mí.

Podemos dar testimonio en unos minutos, y volver a guardar la lámpara bajo el celemín. O podemos ser testimonio, y brillar por siempre, en todo momento y en todo lugar, porque no es lo mismo DAR testimonio, que SER testimonio. Dios nos quiere por lo que somos, no por lo que hacemos. Ser testigo es mostrar lo que fui, y ahora el hombre nuevo que soy por lo que Dios ha hecho en mí. De poco me vale ser testigo si con mi vida no soy testimonio.

5.3.1 No todo lo que no se comparte se pierde

En Emaús a veces nos decimos que «lo que no se comparte se pierde» para animarnos unos a otros a compartir nuestras batallas, nuestras derrotas y los encuentros con el Señor.

Pero si miramos a María vemos cómo ella guardaba muchas cosas en el corazón. Ella, que tanto habría tenido que vivir, escuchar y que tanto podría contar, sin embargo, guardaba muchas cosas en el corazón.

Nuestros silencios son tierra fértil en la que crecen las semillas que en ella enterramos. Y esas semillas, al crecer, nos conforman, nos elevan y nos hacen dar fruto.

Son los silencios de nuestra soledad habitada, aquella en la que se encuentra lo esencial de nosotros con un Dios que se mueve por debajo del ruido del mundo. Son silencios cuidados, en los que no dejamos entrar las cosas del mundo.

Son silencios pobres porque nada nos pertenece, solo las cosas en las que se posa nuestro corazón.

A los pies de la cruz, María sentiría fuerte esa soledad habitada por un Dios que moría por ella. Apenas unos pocos acompañaban a Jesús, pero a ella no le importó. No reprochó a nadie no estar allí. Porque en su corazón tenía todo lo que necesitaba para acompañarle. El fruto de sus silencios. Simplemente ella estuvo allí, y allí permaneció de pie, mirando al Señor herido y dejándose mirar por Él.

Y allí, en ella, nació la Iglesia. En un corazón rico de los tesoros que guardaba y que habían hecho de ella la madre que Dios necesito para ser su primer sagrario en la tierra en el que crecer escondido, y su primera custodia con la que mostrarse al mundo.

Lo que no se comparte se pierde. Es una frase preciosa si lo que comparte son vidas que hagan ciertas las palabras. Porque María lo compartió todo, pero no en forma de palabras y testimonios, sino en forma de confianza, acogida, gestos, humildad, fortaleza y el más grande amor.

Todo lo que callamos, si dejamos que Dios lo habite, crecerá y será el testimonio más verdadero que el mundo necesita, el de una vida que se gasta y desgasta amando a Dios, y que será luz para este mundo en penumbra.

No tengamos prisa en compartir nuestras batallas, derrotas y encuentros con el Señor. Simplemente dejemos que Dios se exprese a través nuestro cuando Él quiera, donde Él quiera y como Él quiera.

Nada es nuestro. Solo lo que dejamos entrar en nuestro corazón.

Cuando creció el árbol de aquella pequeña semilla de mostaza, se hizo tan grande que todo lo que vivía a su alrededor no pudo dejar de verlo, y refugiarse en él, y bajo su sombra y en sus ramas crecer.

Cuando el amor de Cristo cambia nuestra vida no hace falta salir corriendo a evangelizar. Cuando ese amor nos cambia, el mundo cambia porque se encuentra con una mirada que lo mira de una manera nueva, inesperada, y llena de una verdad a la que el mundo no puede dejar de reaccionar.

No queramos cambiar el mundo. Soñemos simplemente con cambiarnos a nosotros mismos y el mundo cambiará no por lo que compartamos con él, sino por la luz de nuestro nuevo corazón.

Antes de ser custodia para mostrar a Dios al mundo, hemos de ser sagrario en el que venga un Dios que quiere nacer al mundo, no a través de palabras que hablen de Él, sino de vidas que no pueden dejar de mirarle, asombrarse y seguirle.

No nos compartamos nosotros. Compartamos a Dios, en nosotros.

6. Camino de vuelta de Emaús

Y, levantándose en aquel momento, se volvieron a Jerusalén, donde encontraron reunidos a los Once con sus compañeros, que estaban diciendo: «Era verdad, ha resucitado el Señor».

Siempre que medito en esta escena, mi corazón se detiene en un detalle que Lucas apenas insinúa pero que resuena con fuerza: «Levantándose en aquel momento, se volvieron a Jerusalén». Me los imagino todavía con las lágrimas en los ojos, con la respiración entrecortada, con el alma temblando. Aún era atardecer, tal vez ya casi noche cerrada.

Y, sin embargo, no esperan al amanecer. No calculan peligros. No piensan en el cansancio. No sopesan riesgos.

Se levantan y corren.

Corren en medio de la penumbra, quizá tropezando con piedras del camino, cayéndose y volviendo a levantarse, con los mantos torcidos, con las sandalias medio sueltas o perdidas. Los imagino riendo y llorando al mismo tiempo, como solo se ríe y se llora cuando la verdad más grande del universo acaba de estallar en el corazón.

¡Ha resucitado!

¡Aquel a quien vieron morir vive!

¡Aquel que les encendió el corazón camina otra vez con ellos!

Es la noticia más grande de la historia humana, la que cambia la trama entera del mundo: la muerte ha sido vencida, y con ella, todo miedo, toda soledad, toda oscuridad. ¿Cómo no correr a contarlo?

¿Cómo no volver lo antes posible a Jerusalén para compartirlo con la Virgen María, con Pedro, con Juan, con los demás discípulos?

Ya no pueden callar. Ya no pueden contenerse. La alegría desborda cualquier prudencia. Pero su camino de vuelta no terminó en Jerusalén.

Esa carrera en medio de la noche marcó el resto de su vida. El encuentro del pan partido —esa luz encendida en sus pechos— no se apagó jamás. Seguramente los llevó a lugares que nunca imaginaron, los empujó a misiones que jamás habrían escogido por sí mismos, los enfrentó con incomprensiones, dificultades e incluso, para algunos, con el martirio.

Pero lo que es seguro es que esa chispa nacida en Emaús no se eclipsó. Fue avivada, compartida, alimentada por la comunidad naciente hasta convertirse en luz para el mundo.

Una luz que atravesó los siglos, que llegó a nuestros días, que sigue encendiéndose en cada Emaús, en cada corazón que reconoce al Señor al partir el pan. Una luz que, cuando toca un alma, la vuelve irreconocible: más viva, más humilde, más entregada, más feliz.

Esa luz —su luz— es el fuego que todo caminante está llamado a llevar consigo al volver de Emaús.

6.1
Enraizar la fe

Volver a Jerusalén, regresar con el corazón en llamas tras encontrar lo que buscaba, encontrarme contigo y la Ff que me ha atado a Ti desde entonces.

Mientras pienso en ello, tras aquel fin de semana de Emaús, he tenido que volver muchas veces desde aquella aldea, tantas idas y venidas... pero qué maravilla es poder reconocer el camino de vuelta. Desde Emaús, desde aquella primera vez, desde mi primer encuentro en aquel retiro, las huellas permanecieron y ya sé qué tengo que hacer para volver a encontrar el camino. «Es para siempre», me dijo un sacerdote el día después de salir.

Yo hice la comunión cuando me casé. Nunca había asistido a una Eucaristía; tampoco es que lo rechazara, simplemente mi vida nunca ha estado cerca de ese mundo. Crecí desde muy pequeño algo perdido, sin compartir, viviendo en silencio mi hiperactividad y mi pasión por la vida, lo que me condujo a una vida de adicción al sexo en Internet, cuando en realidad buscaba el amor de mi vida, mi vocación de matrimonio.

Relaciones fallidas, infidelidad, dudas de identidad sexual; un adolescente, un joven, un hombre lleno de potencial, un diamante en bruto, lleno de amor, pero sin encontrar la salida. Y un día conocí a la que hoy es mi mujer, el amor de mi vida. Una mujer de fe profunda, sencilla y preciosa. Su primera pregunta la primera vez que quedamos una tarde fue «¿Crees en Dios?». Jamás me había preguntado eso ni yo mismo. Me puse a llorar sin parar, lloraba con una desconocida, y sé que el Señor abrió esa puerta entreabierta por primera vez.

Los dos salimos de nuestros mundos, yo tardé muchísimos años en sanar mi vida, pero lo logré. Y Dios siempre a mi lado, ahora lo sé.

Emaús llegó justo cuando lo quiso el Señor, cuando estaba mínimamente saneado de cuerpo y alma, cuando tenía sed. En aquel retiro buscaba mi perdón, buscaba demostrar la existencia de Dios, y buscaba la Fe, fuera eso lo que fuese. Y lo encontré todo. Para siempre.

El regreso a Jerusalén fue explosivo, descontrolado, desmedido. El hombre más feliz de la tierra. Mi mujer se vio superada por alguien que necesitaba también reposar y decantar lo vivido. Lleno de Palabra de Dios, fue mi esposa y las reuniones de Emaús las que hicieron de mí alguien que fue templándose poco a poco, descubriendo, aprendiendo y asentando. Descubriendo la oportunidad de la confesión, la belleza de la eucaristía, viviendo el sacramento del matrimonio con el Señor en cada mirada, y sintiéndome parte de una Iglesia diversa y viva que ayudo a construir.

Hoy, ya muchos años después de aquella conexión maravillosa, han pasado muchas idas y venidas a la aldea de Emaús, muchas zapatillas desgastadas, pero también muchos reencuentros con mis hermanos en Jerusalén para compartir mi fe y mi alegría en mi vida personal, en mi trabajo, en mi familia, en mi matrimonio, sabiendo que aquel Sí fue para siempre. Lo que viví aquel fin de semana fue definitivo, suave, tranquilo. ¡Gracias Señor!

Testimonio de Guillermo Lozano

Salir de Emaús es salir lleno: con el corazón encendido, la mirada distinta, una paz que no se puede describir y una certeza nueva de haber sido amado.

Pero la experiencia —por intensa que sea— no es todavía fe madura.

Es semilla. Es comienzo. Es promesa.

Por eso, al terminar el retiro, no es raro que algunos caminantes se acerquen a un servidor y, con ojos emocionados, pregunten:

«¿Y ahora qué hago con todo esto? ¿Cómo sigo caminando? ¿Dónde pongo este amor tan grande si no sé casi nada de mi religión?».

Es una pregunta santa. Porque la emoción no basta, aunque sea hermosa. El sentimiento, por sí solo, no es fe, aunque pueda abrir la puerta a ella.

La fe verdadera es más sólida, más profunda, más resistente. La fe se sostiene cuando la emoción fluctúa, cuando el entusiasmo baja, cuando vuelven las dudas o la vida aprieta.

El papa Francisco lo expresa con enorme claridad:

> *La fe no es un sentimiento pasajero, no es emoción superficial. Es una relación viva con una Persona viva.*

Es por eso que Emaús no termina el domingo por la tarde.

El retiro abre un camino, pero es el caminar —el día a día, la perseverancia, la oración, la comunidad y la formación— lo que lo convierte en una transformación duradera.

Benedicto XVI insistía una y otra vez en que:

> *El cristianismo no es una idea ni un sentimiento, sino un encuentro con un acontecimiento, con una Persona que da un nuevo horizonte a la vida.*

Ese encuentro sucede en Emaús.

Pero el horizonte nuevo se construye después, poco a poco, paso a paso, apoyado en tres pilares: la fe, la razón y la comunidad.

6.1.1 De la emoción al enraizamiento

Hay quienes salen del retiro sobrepasados por la alegría, y quienes salen sobrecogidos por la ternura de Dios, o con lágrimas que no saben explicar.

Todo eso es bueno, verdadero y precioso… pero no es todavía fe madura.

Robert Sarah lo explica con una lucidez impresionante:

> *La emoción pasa, el sentimiento cambia. Solo la verdad permanece. Solo Dios permanece.*

La emoción es como el primer destello de un amanecer.

La fe es caminar durante el día entero, con sol y con sombra, con cansancio y con esperanza. La emoción abre el corazón. La fe lo sostiene.

Por eso, después del retiro, comienza el tiempo del enraizamiento:

- Oración diaria, incluso cuando no haya ganas.
- Eucaristía frecuente, incluso cuando no haya emoción.
- Confesión, que va afinando la conciencia.
- Formación, que ordena la mente y fortalece el criterio.
- Comunidad, que sostiene cuando uno flaquea.

¿Y qué pasa con quien no sabe nada de fe?

Muchos llegan a Emaús con una ignorancia honesta: no saben rezar, no recuerdan catequesis, no entienden la Misa, no sabrían repetir un solo dogma. Y, sin embargo, Dios quema sus corazones.

Porque Dios no elige a los preparados, sino que prepara a los elegidos.

A esos hermanos que salen del retiro con el alma vibrando pero la cabeza llena de preguntas, la Iglesia les dice:

«No te preocupes. Ya has encontrado lo esencial: el Amor. Ahora aprenderás el camino».

La formación —la razón que acompaña a la fe— no es un lujo ni un adorno intelectual: es lo que da estabilidad a la conversión, estructura al entusiasmo, raíces al fuego. Benedicto XVI lo formuló así:

> *La razón necesita de la fe para no perderse en ilusiones, y la fe necesita de la razón para no caer en supersticiones.*

Cuando un caminante comienza a enraizar su fe, descubre que lo que vivió como emoción se vuelve convicción. Que lo que sintió como regalo se vuelve misión. Que lo que recibió como gracia se convierte en estilo de vida.

La fe se enraíza solo después de un encuentro personal con Dios.

Antes del encuentro, todo es teoría. Después del encuentro, todo es camino.

La fe no se aprende primero: primero se experimenta, luego se comprende.

Primero se recibe, luego se vive. Primero Dios toca el corazón, después ilumina la inteligencia. Por eso Emaús no es un cursillo ni una clase de religión.

Es un encuentro.

Lo demás —la formación, la vida sacramental, la comunidad— viene después, como árbol que crece donde primero hubo una raíz viva. Enraizar la fe es, simplemente, no dejar que el encuentro se enfríe.

Es permitir que la gracia del retiro se convierta en vida cotidiana. Es transformar el fuego repentino en luz estable.

Es vivir, como los discípulos, no de la emoción del pan partido, sino de la certeza: «Era verdad: ha resucitado el Señor».

6.2
Fe en comunidad

El camino de vuelta de Emaús no se hace en solitario.

Los discípulos regresan juntos a Jerusalén —juntos, no cada uno por su lado— porque la fe compartida se fortalece.

Así también ocurre con quienes han vivido el retiro: la comunidad se convierte en hogar, en cobijo, en punto de apoyo.

La fe necesita comunidad como el fuego necesita brasas. Una brasa aislada se apaga. Las brasas juntas arden más fuerte, más estable, con más luz.

En Emaús, esa comunidad se llama grupo de hermanos, posrretiro, reunión semanal, oración compartida.

Son espacios donde no se exige nada, donde no hay máscaras tras las que ocultarse, donde nadie es juez de nadie.

Lugares donde basta presentarse tal como uno es para sentirse acogido, protegido y reconocido.

La comunidad sostiene cuando faltan fuerzas, anima cuando llega el desánimo y celebra cuando la gracia florece.

La fe crece cuando se comparte, cuando se escucha, cuando se abraza, cuando se reza unidos. Y así, poco a poco, la comunidad se convierte en un pequeño Jerusalén, un lugar donde Cristo resucitado sigue haciéndose presente.

Hay una frase antigua, breve y verdadera, que resume bien esto:

> «Un cristiano solo es un cristiano en peligro».

El que camina solo, tarde o temprano, se pierde, se enfría o se cansa. Necesitamos el calor del otro para seguir adelante, y también su mirada, su palabra, su compañía silenciosa.

Por eso Emaús ofrece una comunidad de hermanos para seguir caminando juntos, apoyándonos mutuamente, sosteniéndonos cuando flaqueamos y alegrándonos cuando uno vuelve a levantarse.

Pero no debemos olvidar que la Iglesia es mucho más grande. Es rica en carismas, en dones, en movimientos, en grupos de oración, en ministerios distintos. Cada persona puede encontrar su lugar, su ritmo y su camino según la etapa espiritual en la que se encuentre.

Lo importante no es el «dónde», sino el con quién: seguir caminando de la mano de otros, no perderse en soledad, no dejar que la llama se apague por falta de viento y compañía.

Y junto a la comunidad parroquial, está también nuestra Iglesia doméstica, nuestra familia. Ella es nuestro primer ancla, el lugar donde aprendemos a amar y ser amados, el terreno donde la fe se hace carne en gestos concretos de paciencia, perdón, servicio y ternura. Desde la familia maduramos, crecemos y aprendemos a servir a quienes tenemos más cerca. Y desde ella —desde ese pequeño santuario cotidiano— somos enviados después a servir también fuera, en la parroquia, en la sociedad, en el mundo.

La fe en comunidad es, por tanto, un abrazo que crece hacia dentro y hacia fuera: nace en casa, se fortalece en la fraternidad de Emaús y termina extendiéndose al mundo entero. Y así, paso a paso, el caminante descubre que incluso cuando su fuerza falla, la fe de los demás lo sostiene... y la suya sostiene a otros.

6.3
La misión

Cuento de la Carta

La encontré una noche, al fondo del cajón de mi mesilla. Era un sobre simple, casi humilde, sin ornamentos, sin sello, sin fecha... solo mi nombre garabateado en el frente.

Lo tomé entre los dedos con una sensación extraña: una mezcla de reconocimiento, de sorpresa y de aprehensión. Como si fuese un mensaje que llevaba tiempo esperándome, pero que yo había olvidado por completo.

La abrí despacio. Dentro había dos folios sueltos, escritos con una caligrafía torpe y apresurada que sin embargo identifiqué enseguida: era mi letra... y no lo era. La letra de un yo antiguo, un yo que ya no existía, dirigiéndose a un tú que tampoco era exactamente yo ahora.

Comencé a leer.

La carta me hablaba con una mezcla desconcertante de sinceridad y ternura. Me hablaba de mis anhelos más hondos, de mis carencias ocultas, de mis vacíos que tanto me costaba nombrar, y también de mis esperanzas, esas que siempre había aplazado a un mañana que nunca llegaba.

Era, a la vez, una confesión y un envío. En sus palabras se trazaba nítidamente una misión: la invitación a convertirme en un «yo» distinto, más verdadero, más libre, más mío.

Lo que más me sorprendió fue el tono. Era mi mano, pero no era mi voz. No era el tono imperativo, duro e impaciente de mis voces interiores, esas que me juzgan, me exigen, me recriminan. No. Era un tono cariñoso, acogedor, comprensivo, casi tierno.

Me hablaba como quien anima, no como quien reprocha. Como quien conoce mis sombras, pero también mis luces. Sentí una punzada de tristeza al reconocer que aún estaba a mitad del camino que la carta describía. Pero, al mismo tiempo, una esperanza profunda comenzó a abrirse paso: aquel que había escrito la carta —ese otro yo de aquella noche— creía en mí.

Veía en mí posibilidades que yo no era capaz de ver ahora. Confiaba ciegamente en que podía llegar más lejos, amar mejor, vivir más despierto.

El corazón me dio un vuelco cuando llegué a la última línea. Busqué la firma. No había nombre. Solo trazos. Una simple y silenciosa cruz.

Y entonces lo recordé. Recordé aquella noche llena de emociones. Había olvidado por completo aquella carta… pero ella no se había olvidado de mí.

Esa noche entendí que, a veces, la voz que más necesitamos escuchar es la que Dios nos susurra usando nuestra propia mano.

Y que hay cartas que nos esperan durante años para ser leídas en el momento exacto en que estamos listos para volver a empezar.

El regreso a Jerusalén no era un simple volver: era una misión. El corazón que arde no puede callar. Incluso el silencio más profundo se vuelve testimonio cuando Dios ha tocado el alma.

La misión de un caminante de Emaús no consiste en dar explicaciones ni en replicar el retiro. Consiste en vivir de manera nueva:

- con más paciencia,
- con más misericordia,
- con más ternura,
- con más disponibilidad,
- con más amor.

La misión es servir, porque quien ha sido amado quiere amar. Es acompañar en silencio, porque quien ha sido escuchado quiere escuchar. Es abrir caminos a otros, porque alguien abrió camino para nosotros.

A veces la misión será visible: servir en un retiro, ayudar en la parroquia, acompañar a una persona herida. Otras veces será invisible: una mirada que consuela, un abrazo que sostiene, una oración que nadie oye.

Pero siempre será fecunda, porque la misión nace del corazón que ha reconocido al Resucitado. Jesús no envía a los perfectos; envía a los que están vivos.

Por eso dice a sus discípulos:

> *Así como el Padre me ha enviado, así también os envío yo.*
>
> (Jn 20, 21)

La misión no es un añadido a la vida: es la forma cristiana de vivir la vida. No es para unos pocos, es para todos. No empieza cuando ya somos fuertes; empieza precisamente cuando, como los discípulos, descubrimos con asombro que Él camina con nosotros.

Y para que nadie piense que se trata de una elección personal o de un mérito propio, Jesús nos recuerda:

> *No me habéis elegido vosotros a mí; soy yo quien os he elegido y os he destinado para que vayáis y deis fruto, y vuestro fruto permanezca.*
>
> (Jn 15, 16)

Nuestra existencia entera —cada día, cada paso, cada encuentro— es misión. No somos fruto del azar, ni estamos condenados a la casualidad o al destino. Somos libres, sí, pero nuestra libertad no es libertinaje ni simple autorrealización: es una libertad fundada en la fe, sostenida por la confianza de saber que nunca caminamos solos.

La misión de un cristiano es, en esencia, dejar que Dios ame a otros a través de nosotros. Y cuando nuestra vida llegue a su fin y volvamos al Padre, no nos llevaremos títulos, logros, bienes ni aplausos.

Solo nos llevaremos lo que hemos dado: las veces que amamos, que perdonamos, que abrazamos, que servimos, que acompañamos.

Porque, al final, la verdadera misión no consiste en hacer grandes cosas, sino en hacerlas con un corazón grande, como aquel que ardió en el camino de Emaús.

6.4
Silencio

Cuando caminé Emaús, salí del retiro exhausto, física y sobre todo, emocionalmente. Habían sido unos días de auténtica montaña rusa interior. Mi corazón, acostumbrado durante años a lidiar con la vida desde una suerte de ataraxia —anestesiado, equilibrado, domesticado para no sentir demasiado— empezó poco a poco a abrirse, a empaparse, a soltar amarras. Las corazas, que creía firmes e indestructibles, se fueron desprendiendo una tras otra. Y cuando por fin me quedé en carne viva, algo dentro de mí empezó a estallar: un grifo de lágrimas que no sabía que existía se abrió con cada abrazo, con cada mirada, con cada testimonio, con cada dinámica.

En la apoteósica misa de cierre, después de recibir los mejores abrazos de mi vida —los de mi mujer y mis hijos, que estaban allí esperándome—, y tras despedirme con ternura de mis ya hermanos caminantes y de tantos santos servidores que se habían desvivido por nosotros durante esos tres días, sentí dentro de mí un clamor inconfundible: necesitaba silencio. Mi corazón y mi alma me pedían, casi a gritos, un espacio para asimilar lo vivido. No podía volver a la vida cotidiana sin antes pasar por una etapa de descompresión, sin comprender qué había ocurrido dentro de mí.

Por primera vez me había visto a mí mismo —y a los demás— desde un lugar totalmente distinto. Y me brotó con fuerza una pulsión inesperada de pedir perdón: a tantas personas, familiares incluidos, a quienes había juzgado o condenado desde una lectura superficial de mi historia. Había vivido demasiado tiempo atrapado en la versión más sencilla, más cómoda, la que me situaba como víctima, como inocente, como ajeno a cualquier reproche.

¿Cómo volver ahora a mirarles a la cara sin sentir vergüenza? ¿Cómo mirarme a mí mismo cada mañana, ya desnudo de excusas y de defensas? Necesitaba un tiempo para recuperar el pulso, para que mi corazón volviera a latir a su ritmo, para reconciliarme conmigo mismo y con mi historia, para volver a esa certeza viva de la presencia de Dios en mi vida y devolverle —con confianza— el timón de mi camino.

Necesité varios meses de aparente distanciamiento para consolidar ese cambio interior y seguir caminando. No era que me hubiera enfriado, ni que hubiera olvidado lo vivido. Era que mi alma estaba tratando de equilibrar dos mundos: el viejo yo, lleno de inercias y miedos, y el yo nuevo, recién nacido, sorprendido y vulnerable. Era un ejercicio de balanceo delicado, un lugar interior donde la oración empezó a consolidarse como mi nueva armadura, y donde los encuentros semanales en la parroquia se convirtieron en medicina y termómetro: me permitían comprender si retrocedía, me estancaba o seguía avanzando en el camino.

Después de Emaús, llega también el silencio.

Un silencio bueno, lleno, fértil. El silencio donde el alma asimila, madura y dialoga con Dios sin palabras.

Es el silencio del corazón que repite una y otra vez: «Quédate con nosotros, Señor, porque atardece». Es el silencio donde las dudas y los miedos se entregan a la luz recibida. Es el silencio que protege el misterio: lo vivido en el retiro no se explica, se custodia.

Como María, que guardaba todo en su corazón. Como Elías, que escuchó a Dios no en el fuego ni en el terremoto, sino en el susurro de una brisa suave. Como Jesús, que se retiraba a orar al amanecer.

El silencio después de Emaús no es vacío: es espacio para que el encuentro no se diluya, sino que se haga firme. Es el lugar donde el discípulo se vuelve amigo y el amigo se vuelve servidor.

Pero el silencio es también oración.

Una oración que no consiste en repetir fórmulas como si fueran un conjuro, sino en contemplar, adorar, agradecer. Una oración que brota del corazón que ha sido tocado y que sabe que todo lo bueno viene de Dios. Una oración que también pide, pero que pide solo lo que realmente necesitamos, no necesariamente lo que queremos. Porque la oración verdadera dice, como Jesús: «No se haga mi voluntad, sino la tuya».

La oración es también acción.

Es seguir caminando por la vida con un corazón alegre y agradecido, incluso en medio de las dificultades. Es compartir, es partir el pan con quien lo necesita, es escuchar al hermano, es practicar la misericordia.

Es vivir de la mano de ese Cristo resucitado que nos conoce, nos perdona y nos ama. La oración transforma nuestros gestos cotidianos en ofrendas silenciosas. Hace de la vida un templo donde cada paso se vuelve alabanza.

En el silencio dejamos reposar el alma.

Cerramos la mente a tanto ruido, tanta prisa, tanta preocupación innecesaria. En ese silencio interior volvemos a encontrarnos con nosotros mismos, como ese niño pequeño que mira con confianza a sus padres y solo desea que lo levanten en brazos.

Ese es el corazón al que Jesús dijo: «Dejad que los niños se acerquen a mí».

El silencio es también callar para escuchar. Callar nuestras quejas para escuchar la gracia. Callar nuestras prisas para escuchar el ritmo de Dios. Callar nuestras críticas para acoger al otro sin condiciones. Callar nuestros juicios para que brote la misericordia.

En el silencio, el alma se ablanda, el corazón se ensancha y la mirada se ilumina. Y desde ese silencio habitado, volvemos a caminar… con paso firme, con esperanza renovada, con la certeza de que Aquel que nos habló en Emaús sigue hablándonos hoy en lo secreto del corazón.

6.5
La paz

Siempre había pensado que la paz era un lugar al que podría llegar y en él descansar.

Siempre hablo del silencio como el lugar en el que empieza todo. El silencio desde el que Dios nos crea, el silencio al que Dios nos lleva y que he de crear en mí para encontrarme con Él. El silencio que da por fruto la oración; oración que da por fruto la fe; fe que da por fruto el amor; amor que da por fruto el servicio; y servicio, que da por fruto la paz.

La paz que tanto anhelo alcanzar. La paz como fruto de un camino que parece que no sé recorrer porque la paz que alcanzo es frágil y efímera.

Cuando veo que en mi entorno no hay paz, que en casa no hay paz o que me falta la paz, recorro el camino al revés para volver a ese silencio, donde nada haga ruido, donde nada moleste, despojado de todo. Y ese silencio, vacío de mí, se habita y vuelvo a encontrarme con un Dios que me trata de dar ánimos para seguir construyendo de nuevo el camino hacia la paz.

Cuántas veces me he vuelto al señor dormido en mi barca en mitad de la tormenta y le he gritado: ¿Es que no te importo? ¿No te importa que muera? ¿Acaso no soy yo también hijo tuyo? ¿Por qué no me llevas a la orilla, lejos de la tormenta?

Porque aunque Él está en la barca, la tormenta arrecia y estoy cansado, y el miedo me vence. Y Él, hoy, con su mensaje, parece decirme que la paz, en esta Tierra, no es la ausencia de tormenta, sino mantener la confianza incluso en la tormenta. Porque de la confianza surge el ánimo y el andar, aunque no vea el horizonte. Que la paz en el mundo no es un lugar donde descansar, sino un camino que recorrer, y que lo que Él me pide es andarlo. Porque Él ya descansa en mi tormenta, porque mi tormenta es su camino, y su camino es de paz. Qué contradicción que Jesús encuentre la paz en mis batallas, cuando yo huyo de ellas, porque mi corazón se revuelve contra el dolor... Porque no lo entiendo, porque no le encuentro sentido...

Anhelar la paz no es trabajar por ella. Trabajar por la paz no es alcanzarla.

Tal vez ese trabajar por la paz es solo eso. Vivir mis tormentas con una fe nacida de un silencio habitado, vacío de mí y lleno de Dios, para amar más y mejor. Y dejar que la tormenta sea solo eso, tormenta. Porque no es la tormenta la que me hunde, sino el agua que dejo entrar en mi barca.

Trabajar por la paz y dejarse llamar hijo de Dios.

Sin cavilar y con humildad.

6.6
Volver a Jerusalén

El camino de vuelta es tan sagrado como el camino de ida.

Porque en la ida buscamos… Pero en la vuelta encontramos.

Encontramos un corazón nuevo. Encontramos una comunidad. Encontramos una misión. Encontramos un silencio habitado por Dios. Encontramos, sobre todo, la certeza de que no caminamos solos.

Como aquellos discípulos, regresamos a nuestra propia Jerusalén llevando la misma noticia que transformó su tristeza en alegría:

> *Era verdad: ha resucitado el Señor.*

Y desde ese momento, cada día, cada gesto y cada paso se convierten en un nuevo camino… un camino de vuelta hacia la Vida.

Epílogo

A quien está pensando caminar en Emaús...

Si estás pensando en hacer el Retiro de Emaús, o si alguna vez te invitaron y dijiste que no, queremos decirte algo desde el corazón: no tengas miedo.

No tengas miedo a dar el paso, a soltar tus defensas, a abrir un hueco en tu agenda o en tu alma. No tengas miedo a no saber lo que te vas a encontrar. No tengas miedo a sentir demasiado o a no sentir nada. No tengas miedo a la vulnerabilidad, ni al silencio, ni a ti mismo.

Lo que te espera no es un juicio, ni un examen, ni un grupo extraño: lo que te espera es un encuentro. Y ese encuentro no depende de ti, ni de tu preparación, ni de tus méritos, ni de tu historia. Depende solo de Dios, que ya te conoce, ya te mira, ya te ama.

Quizás creas que no lo necesitas. O que no estás preparado. O que no es el momento. O que ya estás bien así.

Muchos de nosotros también lo pensamos. Muchos dijimos que no. Muchos nos resistimos. Y, sin embargo, un día —a veces sin saber por qué— dijimos que sí.

Y ese sí abrió un camino que no sabíamos que existía. Un camino de verdad, de amor, de reconciliación, de libertad.

Un camino donde uno se reencuentra consigo mismo, con su historia, con los demás... y con Dios.

Emaús no exige nada, solo una cosa: abre tu corazón y confía. Todo lo demás vendrá por añadidura. No necesitas estar en tu mejor momento; a veces, el mejor momento de Dios es justo cuando tú estás peor. Él elige sus tiempos. Él prepara tu camino. Él sabe cuándo tu alma está lista.

Si vienes cansado, aquí encontrarás descanso. Si vienes herido, aquí encontrarás consuelo. Si vienes sin fe, aquí encontrarás preguntas nuevas. Si vienes con fe, aquí la verás arder. Si vienes vacío, aquí descubrirás que hay una plenitud que no depende de nada ni de nadie más que del amor de Dios.

Emaús no es un manual, no es un programa, no es un movimiento. Es un regalo. Un regalo que solo puede abrirse desde dentro. Un regalo que Dios te ofrece porque te ama tal como eres, no como deberías ser.

Si aceptas caminar, no caminarás solo. Miles han caminado antes que tú y estarán rezando por ti. Décadas de servidores han sostenido con sus manos y sus rodillas cada retiro. Y Cristo mismo irá a tu lado, aunque no lo reconozcas al principio. Y en el momento oportuno, cuando tu corazón esté listo, partirá el pan delante de ti, y lo reconocerás.

Y cuando lo reconozcas... volverás distinto. Más vivo. Más libre. Más tú. Más de Él.

Por eso, si en algún momento te llega de nuevo una invitación, aunque sea por sorpresa, aunque sea de alguien que no esperabas, aunque sea en el peor o en el mejor momento... di que sí.

Todo camino empieza con un paso, y este es un paso que puede cambiar tu vida. No porque Emaús sea extraordinario, sino porque quien te espera allí es Él. Y Él siempre —siempre— cumple su promesa:

Ven y lo verás.

Entrevista al padre Miguel de la Lastra Montalbán Osa (Agustinos)

¿Cómo definiría los retiros de Emaús?

Definir los retiros de Emaús me parece sencillo. Es simplemente un fin de semana en el que se facilita el encuentro con Dios que te ama como Padre, te escoge como Hijo y te inunda como Espíritu. Las actividades, y sobre todo, la dinámica de presentar el kerygma desde el testimonio personal sitúa al «caminante» en la disposición de reconocer que esta comunión con Dios en la Iglesia es una llamada también para él.

De forma extremadamente natural y respetuosa el retiro se convierte en un entorno de comunidad de creyente. El grupo de servidores aporta la experiencia de Dios y es la masa crítica en la que se integra el grupo de caminantes, de forma que toda la jornada transcurre bajo un cierto «respirar» de Dios. Esa Comunión que ofrece el Espíritu Santo encuentra un espacio de expresión en el grupo de servidores —que celebra y reza con más conciencia— y que acoge y acompaña al grupo de caminantes que, sin apenas darse cuenta, se ven introducidos en esta dinámica transformadora de la Gracia.

¿Para quién es el retiro?

Sin duda es, ante todo, para los que no conocen el amor de Dios. O por decirlo de otra forma, para los que no conocen que la relación con Dios es, ante todo, una relación de ser amados por el Padre, en el Hijo por medio del Espíritu.

Quizás están descubriendo que muchos de los que han hecho el proceso de iniciación cristiana no han llegado a acoger esa verdad de que son amados por Dios, de que Jesucristo ha dado de hecho la vida por mí, y no se comprenden como lugar privilegiado para que resida el Espíritu Santo.

¿Cómo están contribuyendo a dinamizar la vida de las parroquias?

Emaús es un retiro de conversión, en el sentido de que te acompaña a cambiar los esquemas mentales que te has creado sobre tu vida y, por tanto, también te lleva a cambiar muchas ideas erróneas sobre la realidad de la Iglesia y sobre el lugar que el propio caminante ocupa dentro de la Iglesia. En consecuencia, el caminante descubre que la Iglesia es su hogar, que allí tiene un lugar que le pertenece. Al mismo tiempo vuelve a iniciarse con la vida sacramental, lo que trae como consecuencia una vuelta a la práctica de la eucaristía semanal y en muchos casos diaria, la oración, también ante el sagrario, la confesión frecuente. El primer signo es que la parroquia empieza a verse frecuentada por personas de una franja de edad (30-60) que prácticamente estaba desaparecida y esto es muchísimo más significativo cuando hablamos de varones.

Pero después del retiro, Emaús ofrece también un lugar concreto dentro de la parroquia en el que sentirse parte y, lo más importante, en el que poder servir. La reunión semanal y el encuentro semanal de adoración junto con la eucaristía dominical introducen al caminante dentro de la vida parroquial, se descubre conocido y saludado, le permite acercarse más al párroco y tener una relación con él. Deja de ser un asistente anónimo y se identifica con la comunidad creyente.

Quizás lo más importante son las posibilidades que abre el grupo de Emaús en la parroquia. A diferencia de otras experiencias de evangelización del pasado, Emaús recupera la idea de las antiguas «misiones». El punto de referencia del grupo de Emaús es la parroquia. De este modo, se abre la posibilidad de desarrollar itinerarios de crecimiento, participación en otras actividades parroquiales, creación de nuevas misiones. Una vez que el caminante encuentra un sitio en una comunidad creyente está en disposición de crecer en esta pertenencia.

El auténtico desafío que tiene entonces la parroquia es la de diseñar estos itinerarios de crecimiento en la fe, acoger y hacer crecer las iniciativas que puedan despertarse en los nuevos miembros de la comunidad, abrir nuevos campos de misión o de servicio.

Al calor de Emaús han surgido otra serie de retiros testimoniales que están arraigando con fuerza... ¿Nos puedes contar algo sobre ellos?

Resulta casi divertido ver la cantidad de retiros que han surgido bajo el esquema de Emaús, hasta el punto que parece que se nos van a terminar los nombres bíblicos. Debemos ser conscientes de que la tarea de introducir en la vida de fe ha sido competencia de la familia desde el siglo IV, pero que en esta generación muchos de los padres ya no viven una experiencia de fe y la misma estructura familiar no es un entorno en el que uno pueda experimentar un amor gratuito y sobre todo un amor fiel e incondicional. A pesar de que aún mantengamos un alto número de jóvenes y adolescentes bautizados, el anuncio de su identidad como hijos de Dios es muy probable que lo escuchen por primera vez.

Por eso, proponer a jóvenes y jóvenes adultos encontrarse con personas como ellos que testimonian la fe en un retiro de Effetá es un buen modo de ayudarles a descubrir el amor de Dios detrás del rostro de una Iglesia a la que en realidad no habían conocido.

La realidad de Bartimeo en la etapa previa a la mayoría de edad ha supuesto una forma eficaz de proponer la amistad con Jesús a jóvenes que se sitúan fuera del alcance de los procesos catequéticos parroquiales.

Y como ha sucedido siempre en la historia de la Iglesia, quien ha descubierto la herencia del amor de Dios no puede por menos que compartirla, de forma audaz y creativa. Y así, quien vive en primera persona la realidad de la limitación en las capacidades mentales desarrolla el retiro Levántate Kum para personas con parálisis cerebral. Quien ha vivido el drama de un duelo terrible siente la llamada a testimoniar y acompañar a otros en la misma situación y surge Talita Qumi. Quien afronta la dificultad de vivir la fe en el mundo de la empresa propone un retiro Zaqueo. Quien descubre que necesita más tiempo de silencio y reflexión propone un retiro sobre las Bienaventuranzas como Shemaya o recupera los antiguos retiros ignacianos. Y quien después de varios años en Emaús empieza a sentirse un poquito resabiado se une a un retiro Galilea para comprender mejor qué es el servicio.

¿Cómo viviste el retiro en el que caminaste con los laicos?

Realmente más que de laicos o sacerdotes el Retiro de Emaús es de hombres o de mujeres. En mi caso caminé con una parroquia a la que servía esporádicamente desde hacía años y no me costó sentirme parte del grupo.

Aunque debo confesar que parte de mi motivación fue comprender mejor a las personas que venían a confesarse o a pedir orientación espiritual, fui también al retiro con la pobreza del que siempre necesita conversión.

Escuchar la predicación del núcleo de nuestra fe desde los ojos de personas que no habían tenido mi privilegio de estudiar cómodamente teología me permitió descubrir precisamente ese núcleo de la fe. Al final, antes que sacerdote soy cristiano, y Emaús simplemente te acompaña a comprender mejor qué significa esa palabra. Recuerdo con profunda gratitud un testimonio sobre el lugar que la Palabra de Dios ocupaba en la vida de una persona en el que me sentí extremadamente pobre y, con gran humildad, reconocí que con tantísimo estudio y tanta enseñanza todavía me quedaba un trecho para dejar que la Palabra se hiciera carne en mí. La forma como algunos servidores hablaban del sagrario o del Espíritu Santo me devolvía a los momentos iniciales de mi formación teológica, siendo consciente de que algunas cosas evidentes habían dejado de ser nucleares en mi vida.

¿Por qué un Emaús para sacerdotes como caminantes?

Sin duda que para todo sacerdote que sirva a personas de los grupos de Emaús es necesario comprender los pasos que se han dado en el retiro. No solo para entender el lenguaje, sino para poder discernir con sabiduría los pasos que el caminante dará después del retiro, poderle ofrecer luz sobre las mociones que haya recibido, proponerle un ritmo en el que ir poniendo orden a su vida cristiana.

En segundo lugar, creo que es refrescante escuchar cómo Cristo transforma vidas que están muy alejadas de la vida ordinaria de un sacerdote. Te ayuda a entender el lugar de la oración, de la Palabra, de los sacramentos. Te ofrece perspectivas sobre las dificultades para integrarse en la vida parroquial o para vivir la cercanía con los pobres. La misma dinámica del retiro permite un conocimiento muy directo de la problemática espiritual del laico.

Es cierto que, aunque la conversión es un proceso continuo, un sacerdote que lleve una vida ordinaria de relación con Dios conoce su paternidad y se une a Cristo diariamente en el sacrificio. En ese sentido no puede resultarle novedoso y llamativo. Y es también cierto que los testimonios reflejan situaciones vitales que el sacerdote no suele vivir, y en ese sentido tendrá que luchar contra la tentación de posicionarse como mero observador en muchas ocasiones.

Quizás por eso surgió también la necesidad de diseñar un retiro Emaús Sacerdotes en el que, más que invitar a descubrir el amor incondicional de Dios, la misma dinámica del retiro lleva descubrir el ministerio sacerdotal como la expresión de ese amor gratuito, fiel e inmutable de Dios hacia el sacerdote.

¿Qué le recomendarías al caminante para después del retiro?

Lo primero de todo, que recuerde que la obra de su santidad es un proyecto de Dios y que deje con serenidad que el retiro se vaya posando en su vida. Que cuide las mociones y los nuevos afectos del corazón que le hayan nacido, y que se asegure de tener una persona curtida con la que dialogar y discernir los pasos a dar y, de este modo, evitar radicalismos exagerados, pero también negligencia y pereza.

Participar de un grupo de Emaús puede ser un instrumento muy útil para incorporarse en la vida parroquial, pero si no es así, que busque una forma concreta, un espacio propio dentro de la vida de la Iglesia.

Que se vaya familiarizando con la lectura de la Escritura, quizás empezando con los Evangelios o las cartas.

Que comience a organizar una vida de oración compartida y de oración de intimidad con Dios.

Que inicie la lectura de libros que le hagan comprender mejor a Dios y su relación con Él. Sobre todo, que escuche atentamente qué es lo que más que atrae a su alma; puede ser la adoración, la espiritualidad de algún santo, las peregrinaciones, el estudio de algún punto de la teología.

Que se deje guiar por la curiosidad y se acerque, conozca y vaya descubriendo por qué caminos le quiere llevar Dios.

Que sirva, ante todo que sirva. En casa y en el trabajo, que son los primeros ámbitos que Dios nos ha entregado. Pero también que mire a su alrededor para poderse preguntar si no habrá una tarea que Dios tiene preparada.

Que se fije en las personas más frágiles de su entorno y se deje interpelar por ellas. Quien termina el camino de Emaús se convierte en servidor, no solo de Emaús, sino servidor de Cristo en todo hombre.

Que introduzca el ejercicio gratuito de la caridad en su vida.

Y, por supuesto, que busque la oportunidad de servir en un Retiro de Emaús, porque la experiencia no es completa hasta que no se ha servido y se ha dado gratis lo que se ha recibido gratis.

Y que, poco a poco, se anime a ponerse delante del Señor cada día y preguntarle si hay algo que pueda hacer por Él. Y desde ahí, por qué no, que tenga la audacia de acercarse a su párroco y de ofrecerle los dones que tiene, que lo mismo resulta que sí que hay algo que puede hacer por la Iglesia en su parroquia.

Himno a Emaús

1
Caminábamos tristes, Señor del alba,
la senda oscura, la fe dormida;
y Tú venías, quieto y cercano,
siendo el Peregrino de nuestras heridas.

2
Ardía en sombras nuestro cansancio,
era la tarde desierta y fría;
pero tu Palabra, fuego encendido,
volvió a levantar lo que ya moría.

3
Entraste al fin en nuestra pobreza,
Pan verdadero, Luz escondida;
y al partir el pan, ojos abiertos,
vimos tu Rostro, vimos tu Vida.

4
Ya sin temores fuimos corriendo
hacia la noche que amanecía;
porque tu Pascua triunfó en la muerte,
y un corazón nuevo en nosotros latía.

5

Haz de nosotros fieles testigos,
siervos humildes de tu alegría;
que el mundo escuche, por nuestros pasos,
la Voz del Padre que todo lo envía.

6

Que tu Camino sea el nuestro,
tu Amor la fuerza que nos anima;
y en cada hermano, pobre y cansado,
sepamos hallarte, Vida divina.

7

Gloria a ti, Cristo, Luz de los hombres,
Paz que sostiene, Verdad que guía;
contigo andamos, contigo volvemos,
por Emaús siempre, toda la vida.

(Eduardo Brunet - Nov. 2025)